Mit lebenden Weiden flechten

Zaun, Laubengang, Hütte & Co.

stv

Impressum

Umschlaggestaltung: Werbeagentur Rypka GmbH, 8143 Dobl/Graz, www.rypka.at

Bildnachweis:
S. 119 unten: Marion Roffino
Alle übrigen Fotos (inkl. Covervorder- und -rückseite) von Romaric Nivelet

Titel der französischen Originalausgabe: Sébastien Sliva (Textes) / Romaric Nivelet (Photographies): Je tresse le saule vivant, 10 modèles à réaliser dans son jardin. © by Terre vivante, Mens/France 2018

Aus dem Französischen ins Deutsche übertragen von OrdenTop, Book Translation Agency

Bibliografische Information der Deutschen Nationalbibliothek
Die Deutsche Nationalbibliothek verzeichnet diese Publikation in der Deutschen Nationalbibliografie; detaillierte bibliografische Daten sind im Internet über http://dnb.d-nb.de abrufbar.

Hinweis:
Dieses Buch wurde auf chlorfrei gebleichtem Papier gedruckt. Die zum Schutz vor Verschmutzung verwendete Einschweißfolie ist aus Polyethylen chlor- und schwefelfrei hergestellt. Diese umweltfreundliche Folie verhält sich grundwasserneutral, ist voll recyclingfähig und verbrennt in Müllverbrennungsanlagen völlig ungiftig.

Auf Wunsch senden wir Ihnen gerne kostenlos unser Verlagsverzeichnis zu:
Leopold Stocker Verlag GmbH
Hofgasse 5/Postfach 438
A-8011 Graz
Tel.: +43 (0)316/82 16 36
Fax: +43 (0)316/83 56 12
E-Mail: stocker-verlag@stocker-verlag.com
www.stocker-verlag.com

ISBN 978-3-7020-1923-5

Layout und Repro: Werbeagentur Rypka GmbH, 8143 Dobl/Graz, www.rypka.at

Mit lebenden **Weiden** flechten

Zaun, Laubengang, Hütte & Co.

Texte
Sébastien Sliva
Fotografien
Romaric Nivelet

Leopold Stocker Verlag
Graz - Stuttgart

Inhaltsverzeichnis

Einleitung

Ob es nun „lebendige Bauwerke aus Weiden und Flechtruten" heißt oder „Baubotanik" oder „Weidenkunst" – gemeint ist dasselbe. Alle diese Begriffe bezeichnen ein und dieselbe Tätigkeit: das **Weidenflechten**, also die **Kunst**, frische, grüne, noch lebende oder wieder lebendig werdende **Pflanzen zu flechten**. Man flechtet die Ruten im Freien, **im ausgehenden Winter oder zeitigen Frühjah**r, mit den Füßen im Matsch, im Gelände, manchmal unter Einsatz seines ganzen Gewichts, seines ganzen Körpers ... auf die Gefahr hin, von der Weichheit eines Kätzchens überrascht zu werden, wenn mal eine widerspenstige Rute zuschlägt. Wenn das Leben in diesen Zweigen auch noch gut verborgen ist, so spürt man es doch mit den Fingerspitzen.

Das Material und die Elemente bestimmen die richtige Zeit. **Die Ruten müssen vor der Rückkehr der warmen Jahreszeit geflochten werden**, damit sie nicht austrocknen, und man muss mit Störungen der Jahreszeiten durch den Klimawandel rechnen. Das alles, um den Zauber der Weide wirken zu lassen.

Das Flechten lebendiger Weiden regte mich dazu an, eine Korbflechtschule zu besuchen. Die vielen schönen Begegnungen, die ich beim Flechten der Körbe erlebte, weckten den Wunsch in mir, die unzähligen Möglichkeiten, die diese uralte Tätigkeit, dieses Handwerk, diese Kunst bietet, zu erkunden.

Wie viele fruchtbare Gespräche und Experimente waren wohl notwendig, um diese handwerkliche Fertigkeit zu entwickeln und an uns zu überliefern? Wer kann behaupten, sich vorstellen zu können, welche Überraschungen die Weide noch für uns bereithält und welchen Weg sie noch vor sich hat?
Es ist uns gelungen, die Natur nachzuahmen und unzählige Flechttechniken zu entwickeln. Werden wir die nötige Intelligenz haben, die Weide, die unentwegt bestrebt ist, uns von Nutzen zu sein (für traditionelle Medizin, Färben, Gerben, Umweltsanierung, Biomasse, Ingenieurbiologie, Böschungssicherung), auch in ihrer Großzügigkeit nachzuahmen?[1]

Dieses Buch ist:

- für alle, deren Blick an einem Korb hängen bleibt, ohne dass sie recht wissen wieso;
- für alle, die nie die ersten Primeln oder den ersten Kuckucksgesang verpassen;
- für alle, die gerne Dinge selbst machen;
- für alle, die experimentieren müssen, bevor sie sich entschließen, Unterricht zu nehmen, an einem Kurs teilzunehmen oder zu einem Korbflechter zu gehen (was, meiner Ansicht nach, immer noch die beste Lernmethode ist).

Dieses Buch will:

- Ihnen etwas geben, woran Sie Spaß haben;
- Ihnen die Breite der Möglichkeiten zeigen;
- Ihnen verständlich machen, wie Sie sich an das Material anpassen müssen, und Ihnen gleichzeitig die Fähigkeiten der Weide, Ihre Anforderungen zu erfüllen, zu erkennen geben;
- Ihnen einen Anlass geben, Ihre Hände etwas abzuhärten, ohne jedoch den Anspruch zu erheben, Ihren Daumen grüner zu machen!

1. Um mehr darüber zu erfahren, lesen Sie das Buch von Dominique Brochet „Le saule, la plante aux mille pouvoirs" (Die Weide – die Pflanze mit den tausend Kräften)..

In diesem Buch lernen Sie einige Knoten, Techniken und Grundregeln kennen, dank derer Sie mitspielen können und sicher gewinnen werden.

Das hindert Sie keineswegs daran, „zu mogeln", Ihren Intuitionen zu folgen, aus dem Rahmen herauszutreten ... Wenn Sie schon mal draußen sind, profitieren Sie davon! Erwecken Sie Ihre Werke zum Leben und bringen Sie dieses „immaterielle Kulturerbe der Menschheit"[2] in Ihrem Garten zum Schwingen!

Rechtshänder oder Linkshänder?
Die Modelle in diesem Buch werden für Rechtshänder erklärt. Linkshänder werden einfach die Flechtrichtung umkehren müssen.

Die Piktogramme
Wir verwenden Piktogramme, um den Schwierigkeitsgrad der Arbeiten anzuzeigen. Sie bedeuten:

- (1 Blatt) leicht
- (2 Blätter) mittel
- (3 Blätter) schwer

2. Nach der UNESCO-Klassifikation

Die Weide, die Flechtruten

„Alle Flechtweiden sind Weiden, aber nicht alle Weiden liefern Flechtruten."[3]

Es gibt mindestens achtzig Weidenarten, die für die Korbflechterei verwendet werden – und die sich obendrein natürlich kreuzen. Ein wahres Kopfzerbrechen! In diese Gefilde werde ich mich also nicht wagen ... Suchen Sie in Ihrer Nähe und sammeln Sie in Ihrer Nachbarschaft Triebe von Kopfweiden (natürlich nachdem Sie die Erlaubnis ihrer Besitzer eingeholt haben) oder solche, auf die Sie an Bach- und Flussufern stoßen, oder auch schöne Ruten, die Sie entlang der Straßen finden.

Einige Definitionen ...

„Kopfweide" bezeichnet nicht eine bestimmte Weidenart, sondern eine Weide, die als Jungbaum eingekürzt wurde. Durch regelmäßiges Schneiden der Triebe (Ruten) entsteht im Laufe der Zeit eine Verdickung, der so genannte Kopf der Weide, aus der immer wieder neue Triebe wachsen (**Trieb** = Zweig, der aus einem Baumstumpf oder einem großen Ast nachwächst, den man abgeschnitten hat, um **Ruten** zu erhalten, die man flechten kann).

3.Nach Professor Jean-Pierre Bénétière von der ENOV (École Nationale d'Osiériculture et de Vannerie – Nationale Schule für Flechtweidenanbau und Korbflechterei). Alle Weidenarten bringen Triebe hervor, aber nicht alle eignen sich fürs Flechten, wie die der Trauerweide, die brechen, oder die der Sal-Weide, die zu stark verzweigt sind. Ich verwende die Arten *Salix purpurea* (Purpur-Weide) „Helix" und „Daphnoides" sowie *Salix fragilis* (Bruch-Weide) „Rouge belge".

Meine erste Begegnung mit einem Korbflechter fand am Fuße einer Kopfweide statt. Er wartete darauf, dass der Besitzer, der im Baum saß, die goldenen Zweige abschneiden würde. Nach Verhandlungen einigten wir uns darauf, uns die kostbare Ernte zu teilen – er wollte sie, um seine Körbe zu flechten, ich, um mich an einer lebenden Hütte zu versuchen.
Wenn viele Amateure (oder Nicht-Amateure) der Korbflechterei ihr Material bald hier, bald da sammeln, kann es schwierig sein, einen ausreichenden Vorrat für lebende Konstruktionen zusammenzutragen. Tatsächlich wurden die Modelle in diesem Buch alle mit Weidenruten aus dem Anbau hergestellt.

Der Anbau und die Nutzung von Weiden

Obwohl die Anbaufläche für Flechtweiden in Frankreich von rund 7.000 ha vor 100 Jahren auf derzeit fast nichts (vielleicht 150 ha) geschrumpft ist, **gibt es auch in Deutschland und Österreich noch einige Weidenanbauer** (siehe S. 114).

Abgesehen von den Departements, in denen es noch Produktionszentren für Korbwaren gibt (Haute Marne, Indre et Loire), sind die Betriebe meist klein und

Kopfbildung einer Weide.

Diese Kopfweide wurde gerade beschnitten. Die Ruten liegen am Boden.

Junge Kopfweide im Werden, mit einjährigen Trieben.

Ruten in ihrem zweiten Frühling an einem drei Jahre alten Baumstumpf

eher diskret (sie haben nicht immer eine Website). Sie werden sich daher an Korbflechter oder Korbflechterverbände wenden müssen, um die richtigen Adressen in Ihrer Nähe zu bekommen. **Um selbst eine kleine Weidenpflanzung zu schaffen**, setzen Sie im März 20 bis 25 cm lange, von dicken Zweigen (mit 1 bis 3 cm Durchmesser) abgeschnittene Stecklinge alle 10 cm in Reihen mit Abständen von ungefähr 60 bis 80 cm in die Erde. Die Triebe dieser Stecklinge müssen jedes Jahr oder alle 2 Jahre im Winter, wenn die Pflanze ruht, in Bodennähe gekappt werden, um möglichst viele Triebe pro Pflanze zu bekommen. Es dauert jedoch im Durchschnitt 5 Jahre, bis die Produktion mit mehr und längeren Ruten wirklich interessant wird.

Nach dem Schneiden **werden die Weidenruten sortiert und nur die ohne Ramifikation* zurückbehalten. Diese werden dann erneut nach Länge sortiert.**

Zu diesem Zweck stellt man ein Bündel loser Ruten (Zweige unterschiedlicher Länge) in einen Behälter mit einem alle 20 cm markierten Maßstab. Man muss das Bündel ein bisschen rütteln, sodass alle Rutenenden auf dem Boden des Behälters zu stehen kommen. Dann greift man die längsten Zweige an den Spitzen, immer auf der Höhe der jeweiligen Markierung. So erhält man Bündel mit Längen von 300, 280, 260, 240, 220 cm usw. Um ein Bündel von 260 cm Länge zu erhalten, greift man die Ruten mit Längen zwischen 259 und 278 cm. Um ein Bündel mit 280 cm Länge zu erhalten, nimmt man die Zweige mit Längen zwischen 279 und 298 cm usw. Auf diese Weise erhält man Flechtruten von „Korbflechterqualität" (Ruten ohne jegliche Ramifikation).

* Um die Bedeutungen der mit einem Sternchen markierten Begriffe kennen zu lernen, siehe das Glossar S. 112.

Bündel von grünen Weidenruten („Daphnoïdes"), die zum Flechten bereitstehen.

Für Flechtwerke im Garten sind jedoch einige Ramifikationen an den Ruten nicht störend.

Diese Flechtruten werden dann nach Länge sortiert und in Bündeln von 10 oder 15 kg (je nach Hersteller) **entweder frisch (grün), roh (getrocknet und ungeschält) oder weiß (geschält) verkauft.**

Diese Ruten gehören zu einem Bündel von 160 cm Länge.

Das Schälen

Gleich nach dem Sortieren werden die Bündel **mit den Weidenenden** in so genannte Weidenwannen **ins Wasser** gestellt, **damit sie zu Frühlingsanfang wieder zu saften beginnen** und sich die Rinde ablösen kann. Dann werden die Ruten entweder von Hand mit einer „Kluppe" geschält oder sie werden durch eine Entrindungsmaschine gezogen, einmal mit dem Ende zuerst, um die Rinde zu „öffnen", dann mit der Spitze zuerst, um die Rinde vollständig zu entfernen. Die geschälten, gespülten und dann getrockneten Ruten werden erneut verpackt (zu Bündeln von 10 bis 15 kg) und für die Korbflechterei verkauft. Um sie flechten zu können, muss man sie nur etwa 1 Stunde in Wasser einweichen, während naturbelassene Weidenruten (getrocknet, aber ungeschält) fast 2 Wochen eingeweicht werden müssen, bevor man sie flechten kann.

Frische Weidenruten

Für die lebenden Flechtwerke verwenden wir ausschließlich frische Weidenruten. Sie werden im Winter geschnitten und müssen geflochten und gepflanzt werden, bevor sie trocken werden, also vor der Rückkehr der warmen Jahreszeit. Sie haben also nur wenig Zeit, um Ihre Konstruktionen zu flechten. Am besten **von Ende Februar** (vorausgesetzt, es gibt keinen Schnee) **bis Mitte April** (vorausgesetzt die Weidenruten sind nicht zu trocken). Der **März ist der sicherste Monat!**

Um die Weidenruten frisch zu halten, bewahren Sie sie stehend, kühl und im Schatten auf. Die Ruten werden dennoch vom Weidenende aufwärts trocknen. Frischen Sie sie darum, bevor Sie sie pflanzen, auf, indem Sie von den unteren Rutenenden ein paar Zentimeter schräg abschneiden, um erstens das Pflanzen zu erleichtern und zweitens die Wasseraufnahmefläche zu vergrößern.

Pfeifenförmig zugespitzt mit einer Hippe (oben) und **schräg abgeschnitten** mit einer Gartenschere (unten).

Das Schrumpfen der Weidenruten

Grüne Weidenruten sind wegen des Wassers, das sie noch enthalten, preiswerter. Aufgrund ihres Feuchtigkeitsgehalts neigen sie dazu, beim Trocknen zu schrumpfen. So wird sich bei einem Korb aus frischen Weidenruten, der gleich nach der Fertigstellung schön stramm ist, das Geflecht mit der Zeit bewegen (lockern). Dasselbe gilt für Außenanlagen, da mit diesen aber nicht hantiert wird, spielt das keine Rolle.

Die Ruten werden 20 cm tief in den Boden eingepflanzt, wobei Sie den Boden vorher vorbereiten müssen (siehe S. 12), damit die Wurzeln wachsen können. Um sich davon zu überzeugen, stellen Sie eine Rute in 20 cm Wasser – Sie werden sehen, wie schnell das gehen kann.
Die Reserven im Stiel reichen manchmal, um schon nach ein paar Frühlingstagen Wurzelschösslinge zu treiben. Das heißt nicht, dass das Spiel gewonnen ist, ganz im Gegenteil, in dieser Phase muss man besonders wachsam sein und die Ruten **gut bewässern** (siehe S. 12).

Die Füße im Boden

Die Weide kann unter manchmal überraschenden Umständen Wurzelschösslinge treiben. Trotzdem sollten Sie so weit wie möglich sicherstellen, dass ihre Werke „durchstarten" und Ihnen mit der Pflege (Mähen, Unkrautjäten ...) das Leben nicht zu schwer machen werden.

Die Vorbereitung des Bodens

Die Weide schätzt **nährstoffreiche und feuchte Böden**, muss aber das Weidenende nicht ständig im Wasser haben. Oft empfiehlt es sich, die Stelle, die Sie für Ihr Projekt gewählt haben, vorzubereiten.
Jäten Sie das Unkraut und weichen und lockern Sie den Boden auf. Alles umzugraben, ist überflüssig. Ich für meinen Teil bearbeite nur den Bereich, in dem die Weidenruten gepflanzt werden – über eine Breite von 20 cm und bis zu einer Tiefe von 20 bis 30 cm.
Die **Bodenverbesserung** (mit anderen Worten die Zusetzung von organischer Substanz) wird später einige Probleme bereiten, weil am Ende der Ruten Gras wachsen wird. Da es nicht einfach ist, am Fuß einer Hütte oder zwischen zwei nahe beieinander befindlichen Flechtwerken zu mähen und da Freischneider auszuschließen sind, damit nicht versehentlich die Weidenruten durchgeschnitten werden, ist es wichtig, das Unkraut im Vorfeld zu vernichten, und es ist ratsam, am Fuß Ihres Flechtwerks zu **mulchen**.

Das Bewässern

Bewässern ist sehr wichtig, zumindest im ersten Jahr. Bauen Sie Ihre Weidengeflechte vorzugsweise an möglichst feuchten und kühlen Stellen, in der Nähe von Wasseranschlüssen, und denken Sie daran, sowohl den Wetterbericht als auch Ihren Garten zu beobachten, um richtig beurteilen zu können, wann bewässert werden muss und wann nicht. Folgen Sie Ihrer Intuition, aber denken Sie daran, bei trockenem Wetter jeden Tag zu gießen. Wenn Sie die Möglichkeit haben, können Sie auch am Fuß Ihrer Konstruktionen Perl- oder Tropfschläuche verlegen. Damit würden Sie sich die Aufgabe wirklich erleichtern, vor allem, wenn Sie viele Flechtwerke haben. Die Schläuche können unter dem Mulch verborgen werden.

Manchmal sind die Ergebnisse willkürlich. Manche Werke überstehen, auch wenn sie regelmäßig bewässert werden, ein sehr trockenes Jahr nicht, während andere, die wenig oder gar nicht bewässert werden, neu aufleben ... darin liegt das Geheimnis der Weide!

Das Werkzeug

Es heißt oft, dass man für die Korbflechterei nur wenige Werkzeuge benötigt. Zutreffender scheint mir zu sagen, dass es nur wenige spezifische Korbflechterwerkzeuge gibt. Einige findet man im Handel, aber mit etwas Zeit, Energie und Geschick werden Sie keine Schwierigkeiten haben, Ihren eigenen Werkzeugsatz zusammenzustellen. Das macht sogar einen Teil des Charmes dieser Aktivität aus.

- **Ein Zirkel** ist notwendig, um **Kreise am Boden** zu ziehen, die dem Durchmesser bestimmter Projekte entsprechen. Um sich einen Zirkel zu fabrizieren, suchen Sie in Ihrem Schuppen nach einigen alten Gegenständen, die Sie umfunktionieren können: **Heringe, Heuwenderzinken, große Schraubenzieher, (1), Meißel** ...
Mit nur zwei von diesen „Pflöcken" und einer Schnur können Sie Ihren Zirkel machen. Einer der Pflöcke kommt in die Mitte, während Sie mit dem anderen – am anderen Ende der Schnur befestigt – einen Kreis in den Boden kratzen. Um einen schönen Kreis zu erhalten, sorgen Sie dafür, dass die Pflöcke senkrecht stehen und die Schnur waagerecht gespannt bleibt.
Ich habe eine Vorliebe für **Spargelstecher** (von denen ich die Stechplatte entferne) (2), denn sie haben einen guten Holzgriff, eine Stahlspitze mit 20 cm Länge und einen Durchmesser von 12 mm, sowie für **Marlspieker**, die nicht nur perfekt geeignet sind, um die Kreise zu ziehen, sondern auch dafür benutzt werden können, die Ruten in den Boden zu setzen.

- **Eine gute Gartenschere** (3) ist nützlich, um die Ruten aufzufrischen, indem man sie **schräg anschneidet**, damit sie Wurzeln treiben können, oder um ein fertiges Werk zu kappen*, indem man immer die Klinge an das Geflecht legt.

➥ Von links nach rechts: abgeänderter Spargelstecher, Heuwenderzinke, abgeänderter Schürhaken aus dem Altmetall, Metallpflock. Unten: Zeltheringe.

▸ **Ein Astschneider** ❹ **oder eine Säge** ❺ eignen sich für Bereiche, die man mit der Gartenschere nicht erreichen kann.

▸ **Ein Zollstock** ❻ **oder ein Maßband** ❼ dienen zum Abmessen der Abstände zwischen zwei Weidenruten, des Durchmessers eines Projekts usw.

▸ **Eine Brechstange** (Eisenstange) kommt, neben einigen **Gartengeräten**, die zur Vorbereitung des Bodens benötigt werden, häufig zum Einsatz, und sei es nur, um die Stangen oder Ruten zu setzen. Achten Sie auf Ihre Füße und Ihren Rücken!

▸ **Ein Messer oder eine Hippe** ❽ eignen sich zum Zuspitzen der Rutenenden zum Einfügen in ein Geflecht (zum Beispiel für eine Umfassung). Die Hippe werden Sie mit der Zeit immer nützlicher finden ... also sollten Sie sie so oft wie möglich benutzen, um zu lernen, wie man sie perfekt beherrscht – sie wird Ihnen behilflich sein, wenn es an die Flechterei geht.

▸ **Ein schmaler Marlspieker oder eine Ahle** ❾ dient dazu, eine Spitze ohne zu viel Kraftaufwand in einer einfachen Umwicklung (siehe S. 22) zu sichern.

Man findet sie im Handel oder auf Flohmärkten. Man kann sie auch selbst herstellen. Das braucht zwar Zeit, aber ich werde nicht müde, diese Arbeiten zu verrichten (hier habe ich einen alten Schraubenzieher geschliffen).

▸ **Ein breiter Marlspieker** (10) oder auch ein zugeschnittener und abgeschliffener Buchsbaumzweig können benutzt werden, um das Geflecht zum Einflechten einer neuen Rute zu spreizen.

▸ **Ein Weidenspalter** (11), hier aus Hartriegel, dient dazu, eine Weidenrute über ihre ganze Länge in drei Teile zu spalten, um Weidenschienen herzustellen. Diese dienen, unter anderem, für das Gottesauge (siehe S. 29). Wir werden in diesem Buch nicht näher darauf eingehen, da es uns nicht oft nützlich ist, aber es bleibt sehr spezifisch für die Korbflechterei und seine Verwendung ist „magisch"[4].

▸ **Ein Schlageisen** (12) dient zum Verdichten des Geflechts. Es gibt Schlageisen mit einem Gewicht von 550 g, wie dieses – schwerer als die konventionellen Schlageisen, die gewöhnlich für Körbe benutzt werden. An frischen Weidenruten hinterlässt das Schlageisein oft Spuren (da die Rinde empfindlich ist). Um solche Spuren zu vermeiden, können Sie das Geflecht auch mit dem Fuß zwischen den Stangen verdichten. Statt des Schlageisens können Sie auch **eine Metallleiste** (14) verwenden. Ein alter – leichterer – **Meißel** (15) dient dazu, die Position der Fitze (siehe S. 40) durch leichtes Klopfen zu korrigieren.

▸ **Ein Schlägel** (16) kann benutzt werden, um kleine, widerspenstige Weidenruten einzutreiben (zum Beispiel an Faschinen), aber auch zum Verdichten des Geflechts, allerdings ohne zu schlagen, sondern indem man den Schlägel in beide Hände nimmt und mit aller Kraft andrückt (Achtung, die Handgelenke sind darüber nicht sehr glücklich ...).

▸ **Eine Schaumstoffmatte oder Knieschützer** sind ausgesprochen nützlich, um die Knie zu schonen, denn es lässt sich nicht leugnen, dass man ziemlich viel Zeit auf den Knien verbringt! Vor allem im März oder April werden Sie sie zu schätzen wissen, denn der Boden ist dann noch kühl und feucht.

▸ Wenn Sie sehr hohe Weidengeflechte machen wollen, sollten Sie etwas haben, auf dem Sie stehen können, wie **einen Hocker oder eine Trittleiter.**

➥ Von links nach rechts: Schlägel, Metallleiste aus Altmetall, Schlageisen von 550 g, alter Meißel. Unten: konventionelles Schlageisen. Alle diese Werkzeuge dienen zum Verdichten des Geflechts.

4. Weitere Informationen finden Sie im Buch von Patricia Brangeon, *Vannerie bucolique* („*Bukolische Korbflechterei*"), herausgegeben von Terre vivante.

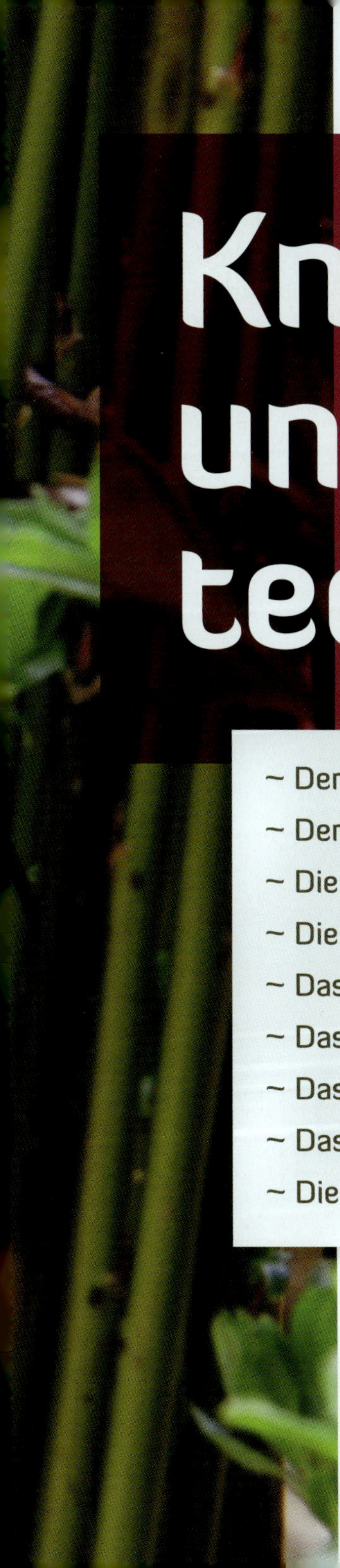

Knoten und Flechttechniken

- Der Bündelknoten
- Der Rebenbinder
- Die einfache Umwicklung
- Die Verdrillung
- Das Japanische Auge
- Das Gottesauge
- Das einfache Geflecht
- Das doppelte Geflecht
- Die Fitze

Der Bündelknoten

In der Korbflechterei werden normalerweise keine Schnüre, Drähte, Klebebänder oder Klebstoffe verwendet. Die Handhabung und Lagerung von Weidenbündeln ist jedoch eine andere Sache. Hier ist also ein kleiner, einfacher Knoten, der mit einem Stück Schnur schnell zu knüpfen (und noch schneller zu lösen) ist, sodass die Schnur für andere Zwecke wiederverwendet werden kann.

1 Halten Sie Ihre Ruten senkrecht gebündelt und klopfen Sie sie ein- oder zweimal auf den Boden, sodass sich alle Enden auf gleicher Höhe befinden. Legen Sie das Bündel auf den Boden und machen Sie eine einfache Schlaufe an einem Ende der Schnur. Legen Sie die Schnur um das Weidenbündel.

2 Stecken Sie das andere Ende durch die Schlaufe und ziehen Sie es stark an, um die Schnur zu spannen. Halten Sie die Schnur, indem Sie den Finger fest darauflegen.

3 Legen Sie die restliche Schnur an der Mitte zu einer Schlaufe zusammen, etwa 10 cm von der ersten Verbindung. Schieben Sie jetzt diese Schlaufe unter der Schnur, die das Bündel hält, hindurch und dann direkt durch die so entstandene neue Schlaufe.

4 Ziehen Sie, während Sie die Schnur in der Schlaufe halten, vorsichtig an der Schnur, um den Knoten festzuziehen. Um diesen Knoten zu lösen, brauchen Sie nur am Ende der Schnur zu ziehen.

Gut zu wissen!

Damit das Weidenbündel gut hält, binden Sie es 10 bis 15 cm über den unteren Rutenenden mit einer Schnur und knapp über der mittleren Höhe der Ruten mit einer zweiten zusammen. Bei sehr langen Ruten empfiehlt es sich, das Bündel an drei über die gesamte Länge verteilten Stellen zusammenzubinden.

1

2

3

4

1

2

3

4

Der Rebenbinder

Dieser kleine Knoten, der uns bei den diagonal verflochtenen Modellen (Hecke, S. 50, Tunnel, S. 67, Hütte, S. 71, und Obelisk, S. 100) behilflich sein wird, kann wegen seiner Feinheit und Flexibilität mit einer Rutenspitze von weniger als 50 cm Länge gemacht werden. Diese kurzen Ruten können Sie bei Weidenanbauern als Binderuten für Weinreben erstehen, sie können aber auch leicht von Kopfweiden sowie von Konstruktionen, die bereits ein Jahr oder mehr alt sind, geschnitten werden.

Da man oft viele davon braucht, sind diese kleinen, mühsam zu beschaffenden Ruten also recht kostbar.

1 Legen Sie die Weidenrute hinter die Kreuzungsstelle. Kreuzen Sie Ende und Spitze und ziehen Sie dabei leicht an der Rute.

2 Legen Sie die Spitze der Weidenrute zweimal um das Ende und dann wieder in Richtung der Zweige, die Sie zusammenbinden wollen.

3 Halten Sie die zweite Runde mit der Fingerspitze fest und stecken Sie dann die Rutenspitze an den überkreuzten Zweigen durch die Umwicklung und ziehen Sie sie fest.

4 Schneiden Sie das Ende der Weidenrute ab, sodass ein kleiner Überstand bleibt.
Ob Sie die Spitze stehenlassen, damit es hübscher aussieht, oder ob Sie sie abschneiden und für einen weiteren Knoten verwenden, ist Ihre Entscheidung.

Tipp
Zunächst spielt die Position der Weidenrute beim Knoten (ob das Ende links oder rechts ist, ob die Spitze zuerst über oder unter das Ende gelegt wird) keine Rolle. Ich mache es einfach so, dass die Spitze, wenn der Knoten fertig ist, nach unten zeigt.

Die einfache Umwicklung

Für diese einfache und wirksame Verbindung brauchen Sie nur eine einzige lange und dünne Rute. Sie eignet sich zum Verbinden sowohl der Spitzen als auch der unteren Enden eines Rutenstranges!

1 Richten Sie die Rutenspitze mit dem zu bindenden Strang aus, sodass sie nach unten zeigt. Knicken Sie die Rute im rechten Winkel (oder fast) und legen Sie sie dann um den Strang.

2 Beenden Sie diese erste Runde leicht unterhalb des Knicks, um die Spitze zu sichern.

3 Machen Sie nun mehrere Runden um den Strang (drei bis fünfzehn für einen hübschen Knoten) und arbeiten Sie dabei abwärts, indem Sie darauf achten, dass sich die Runden nicht überschneiden. Wenn Sie noch mindestens 20 cm Rute übrig haben, oder bevor diese zu dick wird, stoppen Sie und halten Sie die letzte Runde mit dem Daumen fest.

4 Spitzen Sie das Ende an* und schieben Sie es unter den Runden, die Sie mit der Rute gemacht haben, hindurch. Sollten Sie dabei Schwierigkeiten haben, halten Sie die Umwicklung und das Ende der Rute mit Daumen und Zeigefinger fest, um alles zu sichern und Kraft anwenden zu können.

5 Der von einem Marlspieker geschaffene Raum ist im Allgemeinen kurzlebig. Ziehen Sie ihn also erst heraus, wenn Sie die zugespitzte Rute an ihren Platz schieben. Damit die Rute bei diesem Verfahren nicht bricht, sollten Sie sie durch Biegen* ausreichend erweichen, damit Sie beim Durchschieben nicht knickt*.

6 Während Sie die Umwicklung weiterhin mit Daumen und Zeigefinger sichern, schieben Sie Ihre Rute durch die Umwicklung. Lassen Sie ihr etwas Freiraum, damit sie nicht knickt oder bricht.

7 Ziehen Sie anschließend sehr fest am Ende, um die Umwicklung festzuziehen, und dann an der Spitze, damit sich die erste Runde der Umwicklung eng an die anderen legt. Schneiden Sie zum Abschluss die Überstände von Ende und Spitze ab.

Tipps

- Die einfache Umwicklung kann auch mit einer gekordelten Rute* realisiert werden, dadurch verzehnfacht sich ihre Festigkeit. Andererseits brauchen Sie dann auch umso mehr Kraft, um sie festzuziehen.
- Um sich die Aufgabe zu erleichern, können Sie, nachdem Sie Ihre Ruten gut ausgerichtet haben, diese mit einem Stück Schlauch* direkt unterhalb der Umwicklung sichern. Sobald Sie etwas geübter sind, wird das nicht mehr notwendig sein.

1

2

3

4

5

6

7

Die Verdrillung

Ein Stange zu biegen*, ist nicht einfach. Eine Verdrillung von drei Ruten ist deutlich geschmeidiger und macht sich gut als biegsame Stange. Zwei oder vier Verdrillungen aus jeweils drei Ruten können zu schönen Bögen gebogen und verflochten werden (siehe den Tunnel auf S. 67 und die Hütte aus Rautengeflecht auf S. 71). Eine Verdrillung aus drei Ruten kann auch eine senkrechte Rute ersetzen (siehe die Hecke aus Rautengeflecht auf S. 50).

1 Pflanzen Sie Ihre drei Ruten zusammen in ein Loch und positionieren Sie Ihre Hand, wie im Foto gezeigt, unten an den Ruten, um sie zu verdrillen. Beginnen Sie so weit unten wie möglich und machen Sie eine Rechtsdrehung.

2 Wenn Sie die erste Drehung gemacht haben, halten Sie die drei Ruten mit der linken Hand, um Ihre rechte Hand neu positionieren zu können. Hebeln Sie zwei Ruten mit dem Mittel- und dem Ringfinger in die Runde, während der Zeigefinger die dritte Rute unterhakt.

Achtung, wenn Sie die verdrillten Ruten loslassen, ohne sie zu sichern, lösen sie sich im Handumdrehen wieder auf. Machen Sie so weiter bis zur Spitze der Ruten, indem Sie sie zwar „atmen" lassen, aber doch eng genug drehen, damit die Verdrillung hält.
Die Hand wandert aufwärts, je weiter die Verdrillung voranschreitet.

Die erste Rute wird mit dem Daumen bewegt, die zweite mit dem Zeigefinger und die dritte mit dem Rest der Hand.

3 Wenn Sie Ihre Ruten bis oben hin verdrillt haben, nehmen Sie eine Rute, die lang und dünn genug ist, um eine einfache Umwicklung zu machen (siehe S. 22). In diesem Fall genügen drei Runden. Sie können auch, wie in diesem Foto, eine der drei Spitzen knicken*, um eine einfache Umwicklung zu machen.

4 Schieben Sie zum Abschluss die Spitze unter den Runden der Umwicklung hindurch.

Gut zu wissen!
Verdrillungen werden an Ort und Stelle gemacht. Der geringste Versuch, sie zu versetzen, hätte zur Folge, das sie wieder „ins Trudeln geraten" (mit anderen Worten, dass sie sich auflösen). Pflanzen Sie ihre Ruten also sofort an die richtige Stelle.

Hier wird die Spitze mit dem Zeigefinger gehalten. Sie muss nur noch zugespitzt werden, um unter der Umwicklung durchgeschoben werden zu können.

Hier wurden vier Verdrillungen von je drei Ruten miteinander verflochten, um die Tür einer Hütte aus Rautengeflecht zu bilden (siehe S. 71).

Das Japanische Auge

Wie bei einer einfachen Umwicklung (siehe S. 22) kann man mit diesem Knoten mehrere Ruten oder Stangen mit nur einer weiteren Rute zusammenbinden. Passen Sie die Länge der Rute, mit der Sie verbinden, dem Durchmesser des zu verbindenden Stranges an. Für einen Strang mit einem Durchmesser von 3 bis 4 cm eignet sich eine Rute von 140 bis 160 cm Länge. Ist der Strang dicker als 5 oder 6 cm, ziehe ich eine einfache Umwicklung vor.

1 Legen Sie die Rute, die Ihnen zum Verbinden dient, um den Strang. Kreuzen Sie die Spitze und das Ende, sodass ein 10 bis 15 cm langes Stück des Endes zu Ihnen hin zeigt. Ziehen Sie die Rute fest.

2 Biegen Sie nun die Rute in die andere Richtung und legen Sie sie hinten um das Ende. Richten Sie zu diesem Zweck das Ende so auf, dass es senkrecht zum Strang steht. Halten Sie das Ende gut fest.

3 Wenn Sie eine halbe Umrundung gemacht haben, legen Sie Ihre Rute in der anderen Richtung um den Strang, parallel zur ersten Runde

4 Machen Sie noch eine halbe Umrundung hinter dem Ende her und zurück um den Strang. Egal auf welcher Seite, machen Sie Ihre Runden um den Strang immer außerhalb der vorhergehenden Runden. Da das Ende nun von beiden Seiten von der Rute gehalten wird, können Sie es loslassen.

Tipps

- Für das Japanische Auge empfiehlt sich ein zylindrischer Träger (das heißt ein runder Träger, wie ein Weidenstrang), damit es seinen ganzen Charme entfalten kann.
- Damit Sie die Ruten und/oder Stangen, die Sie zusammenbinden wollen, nicht die ganze Zeit festhalten müssen, denken Sie daran, sie provisorisch mit einer Schnur oder einem Stück Schlauch* zu verbinden, bevor Sie den Knoten herstellen.

Wie wird der Knoten festgezogen?

Wenn Ihre ersten beiden halben Umrundungen um das Ende zu fest sind, werden Sie Schwierigkeiten haben, die nächsten Runden zu fixieren.
Sind sie jedoch nicht fest genug, wird der Knoten nicht gut halten. Sie müssen also das richtige Maß finden ... dies ist stark von dem Verhalten Ihrer Rute bei den ersten beiden halben Runden abhängig.

1

2

3

4

5 Die zweite Runde „unter dem Ende“ wird nicht am Ende, sondern unter der ersten Runde fixiert..

6 Machen Sie nun so weiter, indem Sie jede Runde hinter der vorhergehenden Runde fixieren. Wenn Sie das Ende Ihrer Weidenrute erreichen, machen Sie an den beiden letzten halben Umrundungen einen halben Schlag (einen auf jeder Seite). Um einen halben Schlag zu machen, müssen Sie die Rute um den Strang legen und dann, bevor Sie mit der Rute wieder kehrtmachen, diese unter und nicht wie üblich über der Runde her führen.

7 Sichern Sie die Rutenspitze, indem Sie sie entlang der zusammengebundenen Zweige und/oder Stangen unter den Knotenrunden durchschieben. Ziehen Sie an der Spitze, um Sie gut festzuklemmen. Wenn Sie genug Platz haben, können Sie sie auch durch die Knotenrunden führen. Schneiden Sie zum Schluss das Ende bis auf eine Länge von ungefähr 1 cm ab.

Hier wird die Spitze zwischen den Stangen des Stranges gesichert.

Das Gottesauge

Für diesen Knoten brauchen Sie zwei Weidenruten mit einer Länge von 120 bis 160 cm.
Positionieren Sie für eine Umfassung den waagerechten Zweig vor dem senkrechten Zweig. Um die Verlängerung mit weiteren Ruten zu erleichtern, können Sie auch – wie hier – einen zweiten Zweig hinzunehmen.

Dieser dekorative und praktische Knoten dient dazu, zwei im Rechten Winkel zueinander stehende Stangen zu verbinden. Um ihn herzustellen, brauchen Sie zwei identische, dünne, lange und makellose Ruten. Mit diesem Knoten können Sie Umfassungen, Rahmen und anderes ganz nach Ihren Vorstellungen bauen.

1 Beginnen Sie mit der Spitze einer Rute. Legen Sie diese zwischen A und B und richten Sie sie über einige Zentimeter mit C aus.

2 Biegen Sie Ihre Rute (das Ende) und führen Sie sie zwischen C und D und dann hinter C her. So sichern Sie die Spitze und kommen zwischen B und C heraus.

3 Führen Sie die Rute dann zwischen D und A und hinter D her, sodass Sie zwischen C und D herauskommen.

4 Beginnen Sie nun wieder zwischen A und B. Legen Sie die Rute bei diesem Durchgang direkt über die erste Runde und führen Sie sie dann hinter A her, um zwischen A und D herauszukommen.

5 Führen Sie die Rute zwischen C und B und hinter B her.

Machen Sie so im Uhrzeigersinn weiter. Die entstehende Raute wird mit jeder Runde größer.

Die Vorderansicht des Knotens: Die Stangen werden immer weiter nach außen hin umwickelt.

Die Verlängerung

6 Die Verlängerung erfolgt auf der Rückseite des Knotens an einem der waagerechten Zweige. Die neu anzusetzende Rute muss fein zugespitzt werden. Fädeln Sie sie in die vorhandenen Runden ein.

7 Positionieren Sie das Ende der Rute, als wären Sie im Begriff, eine Kehrtwende zu machen, aber halten Sie es nur gut hinten an der Stange fest.

8 Biegen Sie die neue Rute über das Weidenende der vorhergehenden Rute und legen Sie sie um D, um die halbe Umrundung abzuschließen. Schneiden Sie das überstehende Ende ab, sodass es nicht auffällt.

9 Setzen Sie jetzt Ihre Runden mit dieser neuen Rute fort.

10 Wenn Sie nur noch 10 bis 15 cm der Rute zu verflechten haben, sichern Sie den Knoten, indem Sie die Spitze diskret durch die Runden stecken, sodass sie nicht verrutscht.

11 Der Vorteil einer „doppelten" waagerechten Stange ist, dass man die Spitze sichern kann, indem man sie zwischen die beiden Stangen steckt.

Tipp

Die Verlängerung, besonders mit einer ganzen Rute anstatt einer (mit einem Weidenspalter hergestellten) Weidenschiene, ist nicht einfach. Die neue Rute wird stark beansprucht. Sie muss also gut in den bereits vorhandenen Runden fixiert werden, um das Ende der vorhergehenden Rute zu sichern. Wählen Sie darum eine besonders biegsame Rute.

6

7

8

9

10

11

Das einfache Geflecht

Angefangen mit den Enden

1 Pflanzen Sie die Pflanzruten ein und achten Sie dabei auf regelmäßige Abstände. Für das einfache Geflecht braucht man zwei Weidenruten mit (möglichst) identischer Länge und Stärke. Legen Sie die Ruten einfach auf den Boden, mit den Enden hinter zwei aufeinanderfolgenden Ruten oder mit den Enden auf der Innenseite, sodass die Spitzen nach rechts bzw. nach außen zeigen.

Für einige Fotos in diesem Buch haben wir die Weidenruten gefärbt, damit die Erklärungen leichter zu verstehen sind.

Das einfache Geflecht wird mit zwei Ruten geflochten, wobei man mit den unteren Rutenenden oder mit den Spitzen beginnen kann. Bei Verlängerungen wird Spitze an Spitze oder Ende an Ende gelegt. Die ersten Durchgänge ermöglichen es Ihnen, die Stöcke besser zu positionieren, die Abstände zu fixieren und die Ausrichtung zu justieren. Diese für frische Weidenruten perfekt geeignete und leicht umzusetzende Technik verdient, wie Sie schnell merken werden, ihren Namen.

2 Nehmen Sie die rote Weidenrute und führen Sie sie vor Stange 2 (über die grüne Rute) und dann hinter Stange 3 her.

3 Lassen Sie die rote Rute los, nehmen Sie die grüne Rute und führen Sie sie vor Stange 3 und hinter Stange 4 (über die rote Rute) her. Machen Sie so weiter.

4 Drücken Sie die Ruten (rot oder grün) beim Flechten nach unten, entweder auf den Boden bei dem ersten Durchgang oder auf den zuvor geflochtenen Durchgang (ab dem zweiten Durchgang). Zögern Sie nicht, das Geflecht regelmäßig zu verdichten.

Damit das Geflecht ebenmäßig wird, werden neue Ruten Ende an Ende bzw. Spitze an Spitze angesetzt. In unserem Beispiel müssen Sie also, wenn Sie die rote und die grüne Rute verflochten haben, die nächsten Ruten Spitze an Spitze ansetzen.

Rechtshänder und Linkshänder

Arbeiten Sie von links nach rechts, wenn Sie Rechtshänder sind (wie hier), und von rechts nach links, wenn Sie Linkshänder sind.

1
2
3
2

3
2
3
4

4

Angefangen mit den Spitzen und mit der Spitze und dem Ende entgegengesetzt

Wenn Sie mit den Spitzen beginnen, verfahren Sie genauso, wie auf S. 32 für die Enden erklärt. Achten Sie vor allem darauf, die Ruten bei den ersten Wechseln gut zu fixieren. Sie können auch anfangen, indem Sie die Spitze und das Ende – einander entgegengesetzt also – um eine Stange legen und die folgenden Schritte ausführen.

1 Legen Sie eine Rute auf jede Seite der ersten Stange, die Spitzen nach vorne, d. h. ein Drittel der Ruten befindet sich auf der Innenseite des Geflechts.

2 Beide Spitzen werden um die Stange und mit der jeweils anderen Rute zusammengelegt. Indem man die beiden Ruten leicht miteinander verdreht, verhindert man, dass sie verrutschen.

3 Nehmen Sie den linken Strang und beginnen Sie, den ersten Durchgang zu flechten.

1

2

3

Verlängerung Spitze an Spitze

4 Warten Sie nicht, wenn Sie eine neue Rute Spitze an Spitze ansetzen wollen, bis Sie das Ende Ihrer Ruten erreicht haben, sondern machen Sie die Verlängerung, wenn die Ruten noch lang genug sind, um noch drei oder vier Passagen zu flechten.

5 Setzen Sie die Spitzen der neuen Ruten in entgegengesetzter Richtung zu den Spitzen der vorhergehenden Ruten an.

6 Flechten Sie mehrere Wechsel mit beiden Ruten zusammen, bis das Ende der ersten Ruten erreicht ist. Flechten Sie mit den neuen Ruten weiter. Bei der nächsten Verlängerung werden Sie Ende an Ende legen.

4

5

6

Verlängerung Ende an Ende

7 Um die Kräfte auszugleichen, setzt man neue Weidenruten jeweils hinter zwei aufeinanderfolgenden Stangen an. Wenn Sie am Ende Ihrer Ruten angekommen sind,[5] setzen Sie zunächst die linke Rute an.

8 Schieben Sie die neue Rute gleich neben die endende Rute (sodass sich das Ende genau hinter der Stange befindet). Legen Sie nun auch die rechte Rute an.

9 Flechten Sie nun die linke neue Rute um die nächste Stange. Korrigieren Sie dann die Position der rechten neuen Rute, indem Sie die beiden Rutenenden genau entgegengesetzt ausrichten, und flechten Sie nun diese Rute um die folgende Stange.

10 Bei dieser Verlängerung bleiben also auf der Innenseite und auf der Außenseite je zwei Rutenenden stehen, die später gekappt* werden müssen.

5. Legen Sie Ende an Ende.

7

8

9

10

Das doppelte Geflecht

Das doppelte Geflecht ist die Flechttechnik, die ich im Freien am meisten benutze. Obwohl man dafür viele Ruten braucht, lässt sie viel Freiraum für diverse Anpassungen und hält sich gut über lange Zeit. Für ein doppeltes Geflecht werden die einzelnen Ruten, wie man sie beim einfachen Geflecht verflechtet, regelmäßig durch weitere Ruten ergänzt, um das Geflecht zu verstärken. Es sind nicht mehr zwei Weidenruten, die Sie abwechselnd flechten – es sind nun zwei Rutenstränge.

1 Starten Sie mit einem einfachen Geflecht und flechten Sie einige Wechsel oder einige Durchgänge (angefangen mit den Enden, siehe das einfache Geflecht, S. 32), bevor Sie anfangen, Ruten hinzuzufügen. Beim Einflechten neuer Ruten beginnt man **immer mit den Enden** und man fügt **immer zwei Ruten** (eine zusätzliche Rute pro Strang) hinzu. Achten Sie darauf, dass Sie noch ein schönes Stück Spitze zu verflechten haben, wenn Sie neue Ruten einflechten, und vergessen Sie nicht, das Geflecht regelmäßig zu verdichten.

Gut zu wissen!
Achtung, Ihre Stangen müssen ausreichend solide sein, um dieses Geflecht tragen zu können. In der Regel dürfen die Flechtruten niemals stärker sein als die Stangen.

2

1

Mit dem doppelten Geflecht können Sie nach einigen Runden einfaches Geflecht beginnen

3

2 Schieben Sie unter jede Flechtrute das Ende einer neuen Rute, sodass das Ende direkt an der Stange liegt.

3 Flechten Sie nun einige Wechsel mit diesen Strängen aus zwei Ruten.

4 Fügen Sie dann erneut zwei Weidenruten hinzu. Es ist einfacher, die neue linke Rute unter die geflochtenen Ruten zu schieben und die rechte Rute anzusetzen, bevor man den linken Strang flechtet. Die Absicht besteht darin, über die gesamte Länge Ihres doppelten Geflechts ein regelmäßiges Geflecht gleicher Stärke zu erzielen.

5 Um das doppelte Geflecht abzuschließen, hören Sie auf, Ruten hinzuzufügen, und flechten Sie bis zum Ende der letzten Spitzen.

Passen Sie die Häufigkeit der Verstärkungen an

Sind die Ruten dünn, kann man an jeder Stange eine Verstärkung machen. Ebenso gut können Sie Ruten unterschiedlicher Größe verwenden und Ihre Verstärkungen entsprechend anpassen, damit ein regelmäßiges Geflecht entsteht.
Wie oft Sie die Stränge verstärken, wird also von der Länge und Dicke Ihrer Weidenruten sowie von den Abständen zwischen den Stangen abhängig sein.

Die Fitze

Die Fitze kommt vor allem in der Ajour-Technik zum Einsatz und ermöglicht uns das Flechten von Spiralen, wie bei der geraden Hütte (siehe S. 77), dem Rankobelisken (siehe S. 103) und dem Diabolo (siehe S. 87). Eine Fitze sitzt gut (rutscht nicht ab), obwohl sie durch nichts gehalten zu werden scheint. Wenn das Flechtmuster auch aussieht, als sei es eine einfache Umkehrung des einfachen Geflechts, ist die Flechttechnik doch ziemlich anders. Verwenden Sie zwei Weidenruten gleicher Länge und Stärke.

Angefangen mit den Enden

1 Fügen Sie auf beiden Seiten einer Stange eine Weidenrute ein, indem Sie die Ruten im Geflecht sichern und dann umschlagen*, damit sie waagerecht sind.

2 Die linke Rute wird vor der Stange, unter der rechten Rute und dann hinter der nächsten Stange her und aus dem Geflecht herausgeführt.

Womit fängt man am besten an?

Wie beim einfachen Geflecht können Sie mit den Enden oder den Spitzen der Weidenruten beginnen (siehe S. 32 und 34), mit der Einschränkung, dass man nur dann mit den Enden anfangen kann, wenn man sie in einem Geflecht sichern kann (siehe Foto 1).

3 Bei dieser Technik ist es wichtig, wie Sie Ihre Hände positionieren (besonders, wenn die Stangen sehr eng stehen). Beginnen Sie damit, ein wenig nach rechts zu gehen. Nehmen Sie die rechte Rute in die rechte Hand und die linke Rute in die linke Hand, die Handflächen einander zugewandt. Stützen Sie den Daumen der rechten Hand an der Stange ab. Indem Sie an den Ruten ziehen und gegen die Stange drücken, straffen Sie Ihr Geflecht und können gleichzeitig, falls nötig, die Stangen besser fixieren. Gehen Sie nun mit der linken Hand unter die rechte Hand.

4 Öffnen Sie die rechte Hand und halten Sie die Spannung der beiden Ruten, indem Sie gleich hinter der Kreuzung Druck auf die Ruten ausüben. Auf diese Weise können Sie die Hände wechseln.

5 Die linke Hand übernimmt nun die Aufgabe der rechten Hand und hält die Ruten in Position. Mit der rechten Hand können Sie nun also die untere Rute hinter der nächsten Stange herführen. Machen Sie so weiter, indem Sie sich aufwärts von dem unteren Geflecht entfernen und eine Spirale flechten, wie es Ihnen gefällt. Lassen Sie am Ende der Ruten immer mindestens 20 cm Länge, um eine neue Rute Spitze an Spitze ansetzen zu können (siehe S. 35, Schritte 4 und 6).

Angefangen mit den Spitzen bei den Enden liegend

6 Legen Sie, wie beim einfachen Geflecht, Ihre Ruten auf beide Seiten einer Stange mit den Spitzen nach vorne (und einem Drittel der Länge der Ruten auf der Innenseite des Flechtwerks). Legen Sie die Spitze entgegengesetzt um die Stange und jeweils an das Ende der anderen Rute.

Verdrehen Sie die Ruten leicht, damit sie nicht verrutschen. Jetzt können Sie anfangen zu flechten, indem Sie mit dem 2. Schritt (siehe S. 40) beginnen.

Die Verlängerung Ende an Ende

7 Zunächst wird an der linken Rute eine Rute neu angesetzt. Fügen Sie die neue Rute mit dem Ende zuerst und von oben direkt an der Stange ein.

8 Führen Sie diese neu angesetzte Rute vor der nächsten Stange über der Rute, die verlängert wird, her. Das Ende der verlängerten Rute wird nicht weiter verflochten, sondern bleibt stehen und wird später an dieser Stelle gekappt*.

9 Setzen Sie die andere Rute auf dieselbe Weise an und flechten Sie weiter

Die Verlängerung Spitze an Spitze

Wie bei dem einfachen Geflecht, muss die Verlängerung Spitze an Spitze vorausgeplant werden. Fügen Sie die beiden neuen Ruten hinzu (siehe Schritt 5, S. 35) und flechten Sie mehrere Wechsel mit den beiden Rutenpaaren. Ziehen Sie die Ruten gut fest, um die neuen Ruten gut zu sichern.

Die Verstärkung der Fitze

10 Verstärkenn Sie Fitzen in regelmäßigen Abständen und beginnen Sie dabei immer mit den unteren Rutenenden. Stecken Sie zunächst eine Rute hinter die linke Stange, indem Sie sie unter die bereits vorhandene Rute schieben, und fügen Sie dann die zweite Rute hinter der rechten Stange ein. Machen Sie solche Verstärkungen jeweils an zwei Stangen nebeneinander, sodass Sie immer zwei gleichstarke Stränge von zwei bis maximal vier Ruten pro Strang haben.

Beim ersten Wechsel wird die erste neu angesetzte Rute über die verlängerte Rute gelegt, um diese zu sichern.

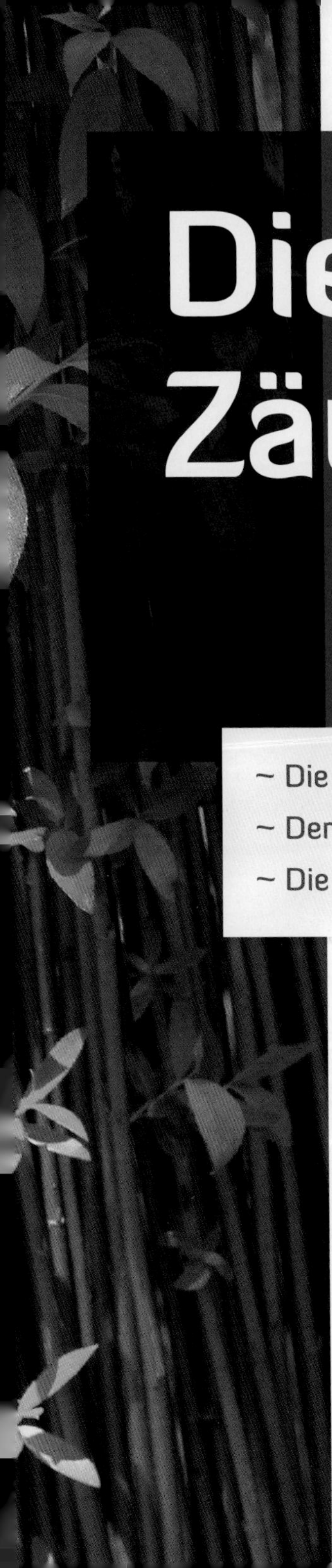

Die Zäune

- ~ Die Hecke aus Weidenbündeln
- ~ Der Rautenzaun
- ~ Die gerade Faschine

Modell 2

Die Hecke aus Weidenbündeln

Diese Hecke schützt vor fremden Blicken und hindert Kleintiere am Weglaufen bzw. Eindringen. Sie erfordert also eine gewisse Menge an Material – eine gute Gelegenheit, Ihre verzweigten oder abgebrochenen Ruten zu verwerten. Bauen Sie sie auf feuchtem oder vorher bearbeitetem Boden, damit sich die Weidenruten leichter verwurzeln können. Ich weiß noch nicht, welche Lebensdauer ein solcher Zaun hat, aber das Ergebnis ist schon im ersten Jahr recht schön.

Maße des Flechtwerks

* **Modell 1:** 140 cm Länge und 160 cm Höhe
* **Modell 2:** 100 cm Länge und von 140 bis 220 cm Höhe

Material

Für die Stange

* **Modelle 1 und 2:** 2 Stangen (Pfosten) von 200 bis 280 cm Länge
* **Modell 1:** 4 oder 6 waagerechte Stangen von 140 cm Länge
* **Modell 2:** 2 waagerechte Stangen von 100 cm Länge

Für die Ruten

* **Modell 1:** 20 Bündel aus 12 Ruten (hier von der Purpurweide *Salix purpurea* „Helix") von 180 cm Länge
* **Modell 2:** 24 Bündel aus 6 bis 12 Ruten (hier von der Bruchweide *Salix fragilis* „Rouge belge") von 160 bis 240 cm Länge

Verwendete Knoten: Gottesauge (siehe S. 29) und Japanisches Auge (siehe S. 26)

Modell 1 (erklärt)

Dieses Modell ist nicht sehr dicht, in der Hoffnung, die Ruten nach einigen Wochen aufblühen zu sehen, und es wird aus zwanzig Bündeln von je 12 Ruten der Purpurweide Salix purpurea „Helix" mit einer Länge von 180 cm gebaut.
Setzen Sie die Pfosten im Abstand von 120 cm ein und bringen Sie die waagerechten Stangen auf 40 und 80 cm Höhe an. Die Stangen können doppelt sein, um die Verlängerungen beim Gottesauge zu erleichtern.

Modell 2 (nicht erklärt)

Dieses sehr dichte Modell besteht aus Bündeln von zunehmender Höhe. Diese Steigung wird durch die obere, leicht schräg angebrachte Stange unterstrichen (was auf das Flechten des Gottesauges keinen Einfluss hat).

1 Bereiten Sie den Boden vor und installieren Sie dann das Gerüst für den Zaun, also zwei senkrechte Stangen (Pfosten) und vier waagerechte Stangen (2 x 2), die an jeder Seite 10 cm über die Pfosten hinausragen müssen. Dieses Gerüst muss recht stabil sein. Sie können auch sechs waagerechte Stangen anbringen (3 x 2).

Befestigen Sie die Stangen provisorisch mit Schlauch* und prüfen und justieren Sie dann ihre Höhe, indem Sie zwei Rutenbündel an die Stangen stellen. Je nachdem wie hoch die Stangen sind, werden sie den Ruten Halt geben und Ihnen ermöglichen, die Spitzen mehr oder weniger zu spreizen.

2 Wenn Sie die Höhe festgelegt haben, machen Sie an den Rechten Winkeln vier „Gottesaugen" und anschließend vier Japanische Augen, um die waagerechten Stangen miteinander zu verbinden. Damit die Knoten besonders schön werden, können Sie zu den beiden Stangen noch eine weitere kleine Stange (in Rot) hinzufügen, damit ein Zylinder entsteht.

3 Wenn das Gerüst fertig ist, pflanzen Sie Ihre Rutenbündel in einer Linie, indem Sie sie unter der oberen Stange durch das Gerüst führen. Die Bündel an den ungeradzahligen Positionen werden hinter der ersten waagerechten Stange und vor der zweiten hergeführt, während die geradzahligen Bündel umgekehrt angeordnet werden (vor der ersten waagerechten Stange und hinter der zweiten).

4 Verfahren Sie auf diese Weise entlang des ganzen Zaunes.

Variante

Wenn Sie eine dichte Hecke möchten, können Sie die Bündel in zwei parallelen Linien, eine vor und eine hinter dem Gerüst pflanzen. Die geraden Bündel werden hinter dem Gerüst und die ungeraden vor dem Gerüst gepflanzt.

1

2

3

Erleichtern Sie sich die Aufgabe!
Um das Pflanzen der Bündel zu vereinfachen, heben Sie den Boden mit einer kleinen Schaufel bis auf eine Tiefe von knapp 10 cm aus und stecken Sie dann die Bündel noch 10 cm tiefer in die Erde. Füllen Sie den Graben nach und nach, sowie Sie die Bündel pflanzen, mit der ausgehobenen Erde wieder auf. Sie können die Ruten der Bündel auch einzeln setzen, anstatt alle auf einmal.

4

Der Rautenzaun

Dieser Zaun lässt nicht nur Licht und Wind durch, sondern auch Kröten, Igel und Katzen. Obwohl er nicht als Sichtschutz dient, macht er sich gut als Verkleidung einer kleinen Gartenecke sowie als Abgrenzung eines Bereichs oder Durchgangs. Wenig materialaufwändig und relativ schnell zu bauen, kann er gerade oder halbkreisförmig mit ein-, zwei- oder dreifachen Flechtruten gestaltet werden. Wir erklären Ihnen hier, wie man einen doppelten Zaun flechtet.

Maße des Flechtwerks: 100 cm Länge und 200 bis 240 cm Höhe

Material für einen doppelten Zaun

* 2 Stangen (Pfosten) von 220 cm Länge oder mehr
* 4 Flechtruten alle 10 cm oder 40 Ruten von 200 oder 240 cm Länge
* 10 Binderuten pro „Knotenreihe", also 20 bis 30 Rutenspitzen

Verwendeter Knoten: Rebenbinder (siehe S. 21)

Für einen einfachen Zaun

Wenn Sie einen einfachen Zaun machen, können Sie alle 10 cm zwei Ruten in dasselbe Loch pflanzen, wobei Sie eine Rute nach rechts und die andere nach links ausrichten.

1 Bereiten Sie den Boden vor und pflanzen Sie die Stangen im Abstand von 100 cm. Frischen Sie Ihre Flechtruten auf, indem Sie die Enden schräg abschneiden.
Pflanzen Sie nun zwischen den beiden Stangen immer zwei Ruten alle 10 cm in einer Linie und richten Sie sie zu einer Seite hin aus (hier nach links).

2 Pflanzen Sie nun immer zwei Flechtruten auch alle 10 bis 12 cm, aber richten Sie diese nach rechts aus. Sie können Sie entweder gleich neben den nach links ausgerichteten Ruten pflanzen (wie im Foto) oder aber mittig zwischen den ersten Rutenpaaren, sodass Sie alle 5 cm ein Rutenpaar haben.

3 Geflochten wird waagerecht, über eine oder zwei Kreuzungsreihen gleichzeitig, von links nach rechts.
Die erste Reihe von Kreuzungen ist bereits vorhanden, alle nach links ausgerichteten Ruten werden vor die nach rechts ausgerichteten Ruten gepflanzt.

4 In der zweiten Reihe müssen Sie nun die nach rechts ausgerichteten Ruten vor den nach links zeigenden Ruten herführen.

5 Je nachdem, wie gut die Ruten sich halten, werden die Kreuzungen in jeder zweiten oder dritten Reihe mit Rebenbindern fixiert. Achten Sie darauf, dass die Knoten in einer waagerechten Linie liegen und die Rauten regelmäßig sind.
In jeder zweiten Kreuzungsreihe überkreuzt ein Rutenpaar den Seitenpfosten des Zauns.

Nehmen Sie einen Maßstock* von 10 cm Länge zu Hilfe, um gleichmäßige Abstände zu erhalten.

1

2

5

Hier ein Experiment mit einem Rautenzaun aus drei verdrillten Ruten.

Die zwei Kehrtwenden beim Rautengeflecht

Wenn ein Rutenpaar einen Pfosten kreuzt, muss es am Pfosten befestigt oder um den Pfosten herumgeführt werden, um die Richtung zu wechseln. Nach dieser Wende (oder halben Umdrehung) nehmen die Rutenpaare ihren Platz im Geflecht wieder ein. Machen Sie einen zusätzlichen Knoten, wenn sie wieder im Zaungeflecht sind, um sie gut zu fixieren.

Drehung um den Pfosten

6 Diese Option eignet sich nur bei Pfosten mit einem kleinen Durchmesser, um die Ruten nicht zu sehr zu strapazieren und möglicherweise daran zu hindern, wieder lebendig zu werden.

Befestigung am Pfosten

6' Wählen Sie zum Binden eine Rute, die lang genug ist, um die beiden Flechtruten mit einem Rebenbinder am Pfosten befestigen zu können. Machen Sie mit der Rute eine, zwei oder drei Runden um Flechtruten und Pfosten.

7 Flechten Sie Reihe für Reihe weiter und denken Sie dabei daran, an den Enden die Kehrtwenden am oder um den Pfosten zu machen und sie zu fixieren.

8 Zum Abschluss können Sie die Spitzen entweder dem Wind überlassen, sie abschneiden, um mit klaren Rauten zu enden, oder Rundungen schaffen, indem Sie die Flechtruten im Geflecht fixieren, oder auch Ihre Fantasie spielen lassen!

Bei diesem doppelten Zaun wurden die Rutenpaare in dasselbe Loch gepflanzt.

8 Abgeschnittene Spitzen.

Kurze Überprüfung

Sie können Ihr Geflecht auf zwei verschiedene Weisen überprüfen:

- entweder an den waagerechten Reihen der Kreuzungen, die immer identisch sein müssen: In einer Reihe liegen die von rechts kommenden Ruten vor den von links kommenden Ruten und in der nächsten Reihe umgekehrt;
- oder indem Sie ein einziges Rutenpaar von unten nach oben verfolgen – es muss abwechselnd vor und hinter den Rutenpaaren verlaufen, die es kreuzt.

8 Abgerundete Spitzen.

Welche Lebensdauer?

Die Lebensdauer dieser Faschinen ist ziemlich ungewiss. Sie hängt natürlich davon ab, wie viele Flechtruten verwendet wurden, wie diese den klimatischen Widrigkeiten standhalten und wie die Faschine beansprucht wird (Kontakt mit Erde, Wasser ...).

Die gerade Faschine

Mit einer Faschine können Sie einen kleinen Bereich abtrennen, um zum Beispiel den Streubelag auf einem Weg daran zu hindern, sich im Garten auszubreiten, oder um eine Böschung zu festigen. Auch wenn es nicht vorgesehen ist, dass sie knospt, kann es dennoch vorkommen, dass die Stangen austreiben.

Maße des Flechtwerks : 120 cm Länge, 20 cm Höhe

Material

- **Für die Stange:** 12 Stangen von 50 cm Länge (20 cm in der Erde, 20 cm Flechtwerk und 10 cm Überlänge)
- **Zum Flechten:** 160 bis 200 Ruten von 180 cm Länge von der Purpurweide *Salix purpurea* „Helix" (also 4 bis 5 kg)
- **Für die Abschlusskimme „vor 2, hinter 1":** 11 + 1 Ruten von 260 oder 280 cm Länge von der Purpurweide *Salix purpurea* „Daphnoides"
- **Zum Fixieren der Abschlusskimme:** 2 Ruten von 140 bis 160 cm Länge

Verwendete Flechttechnik: doppeltes Geflecht (siehe S. 37)

Verwendeter Knoten: einfache Umwicklung (siehe S. 22)

1 Diesmal brauchen Sie den Boden nicht vorzubereiten! Setzen Sie Ihre Stangen mit Hilfe einer Brechstange oder eines Hammers in einer geraden Linie in Abständen von 10 cm und bis zu einer Tiefe von 20 cm direkt in den Boden. Je mehr Stangen Sie verwenden und je enger sie stehen, desto robuster wird die Faschine.

2 Als Flechttechnik dient das doppelte Geflecht. Am einfachsten ist es, mit den Enden der Ruten zu beginnen. Vermeiden Sie, direkt vor einer Kehrtwende an einer Zaunecke zu beginnen.

3 Beginnen Sie mit dem Flechten und fügen Sie recht bald weitere Ruten hinzu, bis Sie „Flechtstränge" haben, die sich bequem flechten lassen (nicht zu dick) und stark genug sind, um eine solide Konstruktion zu gewährleisten.

Die Zaunecken

Denken Sie daran, Ihre dicksten Stangen an die Enden der Faschine zu setzen. Diese Stangen werden wir hier als die „Ecken" bezeichnen. Das Flechtwerk übt eine starke Kraft auf die Ecken aus, die sich dann unter Umständen nach innen neigen. Darum müssen die Ecken besonders dick sein und etwas tiefer gesetzt werden (5 cm tiefer).

Die Kehrtwende

Wenn Sie am Ende einer Reihe ankommen, müssen Sie eine Kehrtwende um die Ecke machen, um dann in die andere Richtung weiterflechten zu können. Für diese Kehrtwende gibt es *zwei Methoden*. Bei der ersten bleiben Sie auf der gleichen Seite der Faschine (ideal für Linkshänder, die dann von rechts nach links flechten können) und bei der anderen wechseln Sie die Seite (ideal für Rechtshänder, die so weiter von links nach rechts flechten können).

Um auf der gleichen Seite zu bleiben

4 Am Ende einer Reihe, wenn sich der rote Strang an der Ecke befindet, führen Sie den blauen Strang vor der vorletzten Stange her und lassen Sie ihn dann hinter der Ecke liegen.

5 Legen Sie den roten Strang über dem blauen Strang um die Ecke, sodass er zwischen der Ecke und der folgenden Stange herauskommt.

6 Führen Sie nun den blauen Strang um die Ecke und über dem roten Strang her, indem Sie an ihm ziehen, damit er sich fest um die Ecke legt. Dieser Strang kommt auf der Rückseite der Faschine heraus und wird dann hinter die nächste Stange gelegt. Jetzt können Sie die nächste Reihe flechten.

Um die Seite zu wechseln

4' Ihr roter Strang befindet sich an der Ecke.

5' Nehmen Sie den blauen Strang, der vor der vorletzten Stange herführt, und legen Sie ihn hinter und diesmal direkt um die Ecke, damit er zwischen der Ecke und der folgenden Stange auf der Rückseite der Faschine herauskommt.

6' Nehmen Sie den roten Strang wieder auf, der noch auf der anderen Seite ist, und legen Sie ihn um die Ecke und vor der folgenden Stange über den blauen Strang, sodass er, wie der blaue Strang, auf der Rückseite der Faschine herauskommt. Jetzt sind Sie an der Reihe, die Seite zu wechseln, um Ihr Flechtwerk wie ein Rechtshänder (von links nach rechts) fortzusetzen.

Diese Kehrtwenden bedeuten, dass beim doppelten Geflecht aus ästhetischen Gründen alle neuen Ruten von derselben Seite der Faschine eingeflochten werden müssen, wenn möglich von der weniger sichtbaren Seite.
Denken Sie daran, dass das Ende jeder neuen Rute gegen eine Stange und unter den Strang, dem die Rute hinzugefügt wird, gelegt werden muss.
Um die Kehrtwenden nicht zu erschweren, vermeiden Sie, neue Ruten einzuflechten, wenn Sie sich einer Ecke nähern.
Planen Sie das Ende des doppelten Geflechts voraus, indem Sie Ihre Ruten entlang des Zauns aufgeben, und machen Sie die Kehrtwende mit nur einer oder zwei Ruten pro Strang.

Gut zu wissen!
Verdichten Sie die Durchgänge, die Sie geflochten haben, regelmäßig mit einem Schlägel, vor allem, wenn Ihre Faschine dem Boden Halt geben soll.

4

4'

5

5'

6

6'

Die Abschlusskimme „vor 2, hinter 1"

Die Kimme ist eine Flechttechnik zum Abschließen des Zauns. Mit ihr können Sie den oberen Rand Ihres Werks schön verarbeiten. Hier machen wir eine Abschlusskimme von 2 bis 3 cm Höhe.

Für diese Abschlusskimme brauchen Sie zwölf Ruten bzw. so viele, wie Sie Stangen haben. ***Diese Ruten werden nicht nach ihrer Länge, sondern nach der Stärke des zu flechtenden Abschnitts gewählt.*** *. Die unteren 20 bis 25 cm der Rute werden an den Stangen in den Zaun gesteckt, es sind also die nächsten 60 cm, die Ihre Wahl bestimmen. Sie müssen stark, aber dennoch leicht zu flechten sein. Für diese Abschlusskimme reicht ein Durchgang.*

8 Lassen Sie die Ecken intakt und schneiden Sie die anderen Stangen auf Zaunhöhe ab. Fügen Sie eine Rute auf der rechten Seite der linken Ecke und je eine weitere Rute auf der linken Seite jeder Stange ein. Nur an der rechten Ecke wird keine Rute eingefügt. Sie haben eine Rute übrig: **die zwölfte Rute.**

Tipp

Um zu verhindern, dass sich das Geflecht löst, schneiden Sie zunächst nur drei oder vier Stangen ab, fügen Sie die Ruten für die Kimme ein, schneiden Sie weitere drei oder vier Stangen ab, fügen Sie die nächsten Ruten ein und so weiter. So wird Ihr Geflecht, sollte es etwas nach oben rutschen, gehalten und kann sich nicht ganz auflösen.

8 Zweierkimme aus *Salix purpurea* 'Helix' von 200 cm.

Um es noch besser zu machen …

Diese im Vergleich zum doppelten Geflecht eher diskrete Abschlusskimme, kommt oft besser zur Geltung, wenn sie etwas stattlicher ist. Sie können Ihre Ruten für die Kimme verdoppeln, indem Sie an jeder Stange anstatt nur einer Rute zwei Ruten einfügen. Wählen Sie in diesem Fall etwas dünnere (und dementsprechend etwas kürzere) Ruten, damit Sie die Rutenpaare gleichzeitig flechten können.

9 Nehmen Sie diese zwölfte Rute (in Rot) und legen Sie sie auf den Zaun hinter die linke Ecke (Stange 1 in Hellblau) und vor der zweiten Stange (in Rosa).

Das Ende zeigt nach rechts und liegt auf der Vorderseite der Faschine. Es muss etwa 50 cm lang sein (ab der Ecke), damit es vor zwei und dann hinter einer Stange („vor 2, hinter 1") hergeführt werden kann und an der (vor der) folgenden Stange zu liegen kommt.

10 Legen Sie die Spitze ein Mal um die Ecke herum und lassen Sie sie vorläufig nach hinten ausgerichtet.

11 Schlagen Sie die an der Ecke befindliche Rute für die Abschlusskimme (Stange 1 in Hellblau) zu sich hin um und drehen Sie sie dann um etwas mehr als 45° nach hinten (lassen Sie die Rute dabei unten), um sie hinter der folgenden Stange (Stange 2 in Rosa) herzuführen.

In diesem Foto sehen Sie das Ergebnis dieses Schrittes.

12 Legen Sie die vorher abgelegte (rote) Spitze vollständig um die Ecke und führen Sie sie vor der Stange 1 (Ecke) und 2 (in Rosa) und anschließend hinter Stange 3 (in Orange) her.

13 Schlagen Sie die Stange 2 um und führen Sie sie hinter Stange 3 her. Sie bildet nun ein Paar mit der Spitze der zwölften Rute.

14 Nehmen Sie jetzt die Rute ganz links (also das Ende der zwölften Rute) und führen Sie sie „vor 2 und hinter 1" Stange – mit anderen Worten vor die Stangen 2 und 3 und hinter die Stange 4 (in Dunkelblau) – her.

15 Die noch stehende Rute ganz links (Stange 3 in Orange) wird umgeschlagen und „hinter 1", also hinter Stange 4, gelegt, um ein Paar mit dem Ende der zwölften Rute zu bilden.

16 Nehmen Sie wieder die Rute ganz links (in Hellblau) und führen Sie sie „vor 2 und hinter 1", also vor die Stangen 3 und 4 und dann hinter Stange 5 (in Gelb) her. Knicken Sie die Stange 4 (in Dunkelblau) hinter die Stange 5, um mit der hellblauen Rute ein drittes Paar zu bilden. **Ab diesem Schritt haben wir drei fertige Paare.**

17 Lassen Sie nun im Paar ganz links (rosa Rute + rote Spitze) die linke Rute, also die rote Spitze, aus und führen Sie nur die rosa Rute „vor 2 und hinter 1", das heißt vor die Stangen 4 und 5 und hinter die Stange 6 (in Grün) her. Schlagen Sie die Stange 5 (in Gelb) um und legen Sie sie hinter Stange 6, um mit der rosa Rute ein Paar zu bilden.

19

20

18 Flechten Sie nach der folgenden Regel weiter: Lassen Sie immer im dritten Paar ganz links die linke Rute aus und führen Sie die rechte Rute „vor 2 und hinter 1" Stangen her. Schlagen Sie dann die am weitesten links befindliche, noch stehende Rute um und legen Sie sie hinter die folgende Stange, sodass sie mit der Rute, die Sie gerade verflochten haben, ein Paar bildet. Ab dem Moment, wo Sie Ihre drei „fertigen" Paare gebildet haben (Schritt 16), werden Sie also bei jeder Passage eine Rute (die linke Rute im Paar ganz links) auslassen.

An diesem Punkt haben Sie bereits gemerkt, dass Sie das rechte Rutenpaar halten müssen, damit es sich nicht hebt.

19 Machen Sie so weiter, bis ein Rutenpaar an der rechten Ecke anlangt. Sie müssen nur noch eine Stange umschlagen*: die Stange 11.

20 Um die Abschlusskimme fertigzustellen, nehmen Sie die rechte Rute des dritten Paares ganz links (in Violett), führen Sie sie vor zwei Stangen (10 und 11) her und positionieren Sie die Rute, als solle sie hinter der Ecke herführen. Knicken Sie die Rute mit dem Daumen im Winkel von 90° unmittelbar vor der Kreuzung. Schneiden Sie die Spitze auf eine Länge von 20 cm ab dem Knick ab und stecken Sie sie an der Ecke in das Geflecht, um sie zu fixieren.

21 Knicken Sie die noch stehende Stange 11 (in Bordeauxrot) hinter die Ecke. Wickeln Sie sie um die Ecke, indem Sie stark an ihr ziehen, um ihr den Weg, den sie machen werden muss, „einzuprägen". Dadurch soll verhindert werden, dass sie später bricht. Schieben Sie einen Marlspieker unter die geknickte Rute.

22 Lösen Sie die gewickelte Stange und legen Sie sie dann erneut um die Ecke, aber diesmal, indem Sie sie unter der geknickten Rute und unter sich selbst durchschieben. Wickeln Sie sie weiter um die Ecke, bis sie wieder auf der Vorderseite der Faschine ist.

23 Sie wird fixiert, indem sie die rechte Rute in dem am weitesten links befindlichen Paar, das Ihnen noch bleibt, ersetzt. Sie müssen sie also neben dieses Paar führen, indem Sie sie mit Hilfe des Marlspiekers durch die Faschine schieben.

24 Fertig!* Die Abschlusskimme ist fertig und gesichert, Sie können jetzt alle überstehenden Ruten kappen*.

25 Diese Abschlusskimme neigt dazu, nach oben zu rutschen. Damit sie sicher an Ort und Stelle bleibt, machen Sie an jeder Ecke eine einfache Umwicklung. Schneiden Sie das Ende einer Rute von 140 oder 160 cm Länge spitz zu und führen Sie es entlang einer Ecke oder der benachbarten Stange ein. Knicken* Sie die Rute und schieben Sie sie zwischen zwei Flechtgängen durch den Zaun. Machen Sie mehrere solche Passagen, aber auf verschiedenen Höhen des Zauns. Stecken Sie Ihre Spitze dann waagerecht zwischen die Runden und den Zaun und gehen Sie, wenn die Rute lang genug ist, noch einmal um die vorherigen Passagen herum, um sie fester zu ziehen.

Provisorische „tote Runde" um die Ecke.

Fixieren Sie die Spitze zum Schluss im doppelten Geflecht. Für diese Verbindung können Sie die Rute auch kordeln*.

Zur Überprüfung

Sie sollten noch zwei Paare haben – eines, das an der Ecke auf der Vorderseite der Faschine verkeilt ist, und ein weiteres, das an Stange 11 verkeilt ist, ebenfalls auf der Vorderseite, sowie all die linken Ruten aller Paare, die Sie während des Flechtens nach und nach zurückgelassen haben. Schließlich sollten Sie noch die rote Rute haben, die auf der Rückseite der Faschine herauskommt.

22

23

24

Die Spielgeräte

- ~ Der Tunnel aus Rautengeflecht
- ~ Die Hütte aus Rautengeflecht
- ~ Die gerade Weidenhütte

Tipp

Wenn Sie den Tunnel an den Eingang zu einer Hütte anschließen wollen, planen Sie entsprechend, damit die Maße der Eingänge übereinstimmen.

Der Tunnel aus Rautengeflecht

Dieser kleine Tunnel ist ein idealer Anbau als Eingang zu einer Hütte und kann ganz nach Ihren Wünschen, nach dem Platz, den Sie haben, und dem Alter der Kinder, für den er bestimmt ist, angepasst werden. Je nachdem, ob er als Geheimgang oder Teil eines Abenteuerparcours dienen soll, kann Ihr Tunnel länger, höher, niedriger oder kurvenförmig sein, damit man darin laufen, kriechen oder sich verstecken kann! Wir flechten hier doppelte Zäune, aber Sie können auch einfache oder dreifache Zäune bauen.

Maße des Tunnels: 120 cm Länge, 60 cm Breite und 75 cm Höhe

Material

Für die 2 doppelten Rautenzäune

- 72 (2 x 36) Ruten von 180 oder 160 cm Länge
- 1 Strang Rutenspitzen für die Rebenbinder

Für die 2 Eingänge (das heißt 4 Stangen):

- 4 x 3 Ruten zum Verdrillen von 200 cm Länge

Verwendete Flechttechnik: Verdrillung (siehe S. 24)

Verwendete Knoten: einfache Umwicklung (siehe S. 22), Japanisches Auge (siehe S. 26), Rebenbinder (siehe S. 21)

1 Bereiten Sie den Boden vor und richten Sie die beiden Eingänge im Abstand von 120 cm ein, indem Sie Ihre vier Stangen (zwei Stangen je Eingang) setzen. Die Stangen für die Eingänge müssen im Abstand von 60 cm voneinander stehen. Die Stangen bilden ein Rechteck. Jede Stange besteht aus drei verdrillten Ruten.

2 Installieren Sie hinter den Stangen für die Eingäng die Ruten für den Rautenzaun. Setzen Sie auf jeder Seite ungefähr alle 12 cm zwei Ruten, jeweils in einer geraden Linie, indem Sie sie zu einer Seite (hier nach links) ausrichten, und pflanzen Sie dann wieder alle 12 cm zwei weitere Ruten, die Sie nach rechts ausrichten.

2

Dieses Foto zeigt zwei verschiedene Verbindungen: die Umwicklung der Spitzen der verdrillten Stange und die Befestigung derselben Stange am Ende der anderen Stange.

3 Winden Sie die beiden verdrillten Stangen an jedem Eingang umeinander, sodass zwei Bögen entstehen. Biegen* Sie dazu die verdrillten Stangen, sodass die Spitzen jeweils bis zum Ende der anderen Stange reichen.
Verengen oder lockern Sie die Windung der verdrillten Stangen, um die Höhe des Eingangs zu bestimmen. Drücken Sie auf die Oberseite des Bogens, damit er schön rund wird.

4 Machen Sie eine einfache Umwicklung oder ein Japanisches Auge, um die Spitzen der verdrillten Stangen am Ende der anderen Stange zu befestigen.

5 Jetzt können Sie die Rautenzäune flechten (siehe Schritte 3 bis 7, S. 51–52). Flechten Sie den ersten (Zaun 1) bis zu einer Höhe von 120 bis 140 cm und flechten Sie dann den zweiten (Zaun 2), aber nur bis zu einer Höhe von 30 bis 40 cm.

6 Machen Sie die Kehrtwenden am besten an den Stangen der Eingänge (siehe Schritt 6′, S. 52)

7 Sie müssen nun **Zaun 1** so weit biegen, dass er auf **Zaun 2** trifft. Dabei müssen die beiden Geflechte einander angepasst werden. Arbeiten Sie am besten zu zweit, um sich diese Aufgabe zu erleichtern, besonders wenn Ihr Tunnel höher ist als unser Tunnel hier. Beginnen Sie an einem der beiden Eingänge. Stecken Sie die Ruten von **Zaun 1** in die Rauten von **Zaun 2**, sodass sie gebogen bleiben, und passen Sie die Rutenpaare der beiden Zäune einander an, damit ein regelmäßiges Rautenmotiv entsteht. So etwas wie eine „narrensichere Technik“ gibt es nicht, es ist ein Geduldsspiel und beruht auf der Verfolgung des Verlaufs Ihrer Ruten.

Um Ihnen dabei zu helfen, die Motive zu fixieren, machen Sie mit Bindfaden provisorische Knoten.

Hier wird das Rutenpaar gebogen, um den stärkeren Teil zuerst durch den Zaun zu schieben.

8 Verflechten Sie nun die Rutenpaare von **Zaun 2** mit dem Geflecht von **Zaun 1**, sodass der Tunnelbogen ebenso hoch ist, wie der Eingang. Wichtig ist, dass das Rautenmuster erhalten bleibt und dass der Tunnel gleichmäßig hoch ist. Lassen Sie das Material den Rest diktieren.

9 Führen Sie die Ruten achtsam durch die Rauten, um sie nicht zu knicken* – mal, indem Sie den stärkeren Teil biegen*, um die Rute durch eine Raute zu stecken, und mal, indem Sie die Spitze zuerst durchstecken. Manchmal werden sich die aufeinandertreffenden Ruten gut miteinander ausrichten und manchmal werden sich die Spitzen um die Ruten legen, an denen sie zu liegen kommen. Wenn erst das Laub wieder wächst, werden alle diese „Schummeleien" verdeckt.

Variante

Einfacher ist es, ein regelmäßiges Motiv zu erzielen, wenn man von innen zwei einfache Zäune zu einem höheren Tunnel verflechtet, sodass die Spitzen nur wenig zur anderen Seite gebogen werden müssen. Das erfordert jedoch mehrere Reihen von Knoten oben am Tunnel.

10 Hier hält sich das Geflecht ohne Knoten. Sie können trotzdem die Spitzen mit Rebenbindern an den Enden, auf die sie treffen, befestigen. Fertig!*

Bauen eines großen Tunnels

Maße des Tunnels:

16 m Länge, 120 bis 140 cm Breite und 160 bis 180 cm Höhe.

Material (für eine Länge von 100 cm)

Für die 2 einfachen Rautenzäune

- 2 x 20 Ruten von 240 bis 280 cm oder sogar 300 cm Länge
- 10 Rutenspitzen pro Knotenreihe (4 bis 6 Knotenreihen insgesamt)

Für 1 Eingang

- 2 x 3 Ruten (zum Verdrillen) von 300 cm Länge oder mehr

Um einen großen Tunnel zu bauen, befolgen Sie die Erklärungen für den kleinen Tunnel, Etappe für Etappe, mit dem oben genannten Material. Achtung, die Rautenzäune werden hier mit einfachen und nicht doppelten Ruten geflochten. Wenn Sie wollen und wenn Ihr Tunnel lang genug ist, können Sie ihn kurvenförmig bauen, nur müssen Sie dann ein bisschen mogeln, um das Flechtmotiv zu wahren.

Die Hütte aus Rautengeflecht

Maße der Hütte: 180 cm Durchmesser und 180 cm Höhe innen

Maße des Eingangs: 70 cm Breite und 80 cm Höhe

Material und Ausrüstung
Für den Eingang: 3 x 4 Ruten von 280 cm
Für das doppelte Rautengeflecht

* 80 Rutenpaare von 300 cm Länge (d. h. 160 Ruten oder etwas mehr als 13 kg *Salix purpurea* „Daphnoides"): 40 Paare für eine Richtung und 40 Paare für die andere Richtung
* 40 Rutenspitzen pro Knotenreihe (2 Knotenreihen sind ausreichend)
* 2 Gurtbänder mit Nockenschnalle*

Verwendete Flechttechnik: Verdrillung (siehe S. 24)
Verwendete Knoten: einfache Umwicklung (siehe S. 22), Rebenbinder (siehe S. 21), Japanisches Auge (fakultativ) für den Eingang (siehe S. 26).

1 Ziehen Sie mit einem Zirkel am Boden einen Kreis, bereiten Sie den Boden vor und schneiden Sie Ihre Ruten schräg zu.

2 Rammen Sie an der Stelle im Kreis, wo der Eingang zu Ihrer Hütte sein soll, auf jeder Seite sechs Ruten im Abstand von 70 cm in den Boden und machen Sie ingesamt vier Verdrillungen von je drei Ruten, also zwei auf jeder Seite.

Genießen Sie das Vergnügen, diese Hütte selbst zu flechten und sie den Kindern zu schenken. Lassen Sie sie der Eingebung des Augenblicks folgen und eine unmittelbare Erfahrung erleben, in frischer Luft und mit anderen Kindern. „Cowboys und Indianer", „Feen und Drachen" – die Wahl liegt bei ihnen. Vielleicht werden sie, sehr viel später, die Erinnerungen, die sie davon behalten haben, mit Ihnen teilen? Vorläufig werden Sie nur die Flecken auf ihren Hosen als einzige Zeugen ihrer wundervollen Geheimnisse sehen.

3 Verbinden Sie die ersten beiden gegenüberliegenden Verdrillungen (jeweils die Spitzen mit dem Ende der anderen Verdrillung), bevor Sie die anderen beiden darüber winden. Befestigen Sie die Spitzen mit einer einfachen Umwicklung, um das Ganze zu stabilisieren.

4 Dann geht es weiter wie beim Rautenzaun (siehe S. 50). Pflanzen Sie vierzig Rutenpaare alle 12 cm um den Grundriss der Hütte verteilt und richten Sie sie nach rechts aus.

5 Setzen Sie nun die vierzig nach links ausgerichteten Rutenpaare (eins nach dem anderen) und nutzen Sie die Gelegenheit, die erste Reihe von Kreuzungen anzulegen. In dieser ersten Reihe werden die nach links ausgerichteten Ruten vor die nach rechts führenden Ruten gepflanzt, in der zweiten Kreuzungsreihe werden dann die nach rechts ausgerichteten Ruten vor den nach links gehenden Ruten platziert usw. So sparen Sie erstens Zeit und zweitens brauchen Sie die Ruten auf diese Weise nicht an ihrer unflexibelsten Stelle handhaben und riskieren nicht, die im gelockerten Boden eingepflanzten 20 cm zu verschieben.

6 Die Kehrtwenden am Eingang machen Sie am besten um die Stangen herum (siehe Schritt 6, S. 52), damit sie einen besseren Halt haben. Das ist nicht so einfach, denn die Ruten dürfen nicht beschädigt werden, müssen aber gleichzeitig gezwungen werden, ihren Platz im Geflecht einzunehmen.

7 Befestigen Sie die Ruten nach den Kehrtwenden mit Rebenbindern, damit sie an Ort und Stelle bleiben.

Das Gießen

Das Flechten härtet die Hände ab, macht die Daumen aber nicht grüner. Nach einem trockenen Frühling und einem sengenden Sommer ist bei dieser Hütte nur der Eingang wieder aufgeblüht. Zwar schützt so kein Laub vor fremden Blicken, aber die hübsche Struktur bleibt sichtbar und die Kinder verbringen deswegen nicht weniger Zeit damit, draußen zu spielen!

8 Das Verteilen der Abstände über dem Eingang braucht Zeit. Neigen Sie, um sich die Aufgabe zu vereinfachen, die Oberseite des Eingangs leicht zur Innenseite der Hütte, um die Abstände auszugleichen.
Fügen Sie gegebenenfalls einige Rebenbinder hinzu.

Wichtig
Wenn die Ruten unten an der Hütte senkrecht bleiben, beginnen Sie bald, sie nach innen zu drücken, bis zur zweiten Reihe von Kreuzungen nur leicht, ab dann deutlich stärker. Zu zweit ist es einfacher, die Form dieser Hütte zu gestalten.

9

9 Machen Sie während des Flechtens Knoten, wenn Sie es für nötig halten. Unsere Hütte hier hat nur zwei Reihen von Rebenbindern. Das liegt daran, dass die Ruten sehr steif waren und sich beim Flechten gut hielten. Je weniger Knotenreihen man hat, desto einfacher ist es, alle Ruten an der Spitze der Hütte miteinander zu verbinden.

10 Es ist schwierig, das Geflecht in Form zu halten, während man die Ruten gleichzeitig nach innen drückt, um die Hütte oben zu schließen. Um sich die Aufgabe zu erleichtern, können Sie in der Hütte eine Art Schablone installieren. Bauen Sie mit vier oder acht Ruten zwei Bögen, befestigen Sie diese über Kreuz und stellen Sie sie so auf, dass sich die Spitze der Bögen genau in der Mitte der Hütte befindet. Es geht nicht darum, die Ruten gegen diese Bögen zu drücken, vielmehr sollen Ihnen die Bögen als Anhaltspunkte für die Gestaltung Ihrer Hütte dienen.

11 Flechten Sie die Hütte so hoch wie möglich weiter, ohne zu fest zu ziehen, und indem Sie sich ausreichend Platz lassen, um die Ruten zu flechten, deren Spitzen sich ineinander verwirren.

12 Sammeln Sie schließlich alle Spitzen, binden Sie sie mit einem Gurtband* zusammen und ziehen Sie dieses nach und nach an, während Sie das Geflecht ordnen, bis Sie einen schönen Strauß von Rutenspitzen haben.

13 Machen Sie dann eine einfache Umwicklung um diesen Rutenstrauß. Diese Umwicklung muss besonders fest sein, benutzen Sie deswegen am besten eine gekordelte Rute*. Bei kürzeren Ruten ist diese Umwicklung nicht unbedingt notwendig. Es reicht eventuell, so hoch wie möglich noch eine Reihe von Rebenbindern zu machen und die Spitzen frei stehenzulassen.

10

11

12

13

Die gerade Weidenhütte

Es sollte verboten werden zu erklären, wie man eine Weidenhütte baut. Betrachten Sie dieses Modell als ein Beispiel zur persönlichen Gestaltung. Lassen Sie sich von Ihren Kindheitserinnerungen oder dem Enthusiamus und den Träumen der Kinder, die Sie umgeben, inspirieren. Machen Sie sich eine Freude, geben Sie Ihren Ideen freien Lauf und lassen Sie die Magie walten!

Maße des Hütte: 180 cm Durchmesser und 250 bis 300 cm Höhe innen

Maße des Eingangs: 80 cm Breite am Boden und 160 cm Höhe

Material und Ausrüstung

Für die Stange

* 6 Stangen von 300 cm Länge (davon 2 für den Eingang)
* 102 (34 x 3) Ruten von 300 cm Länge

Für das untere Geflecht

* 2 kg Ruten von 180 cm Länge

Für die Spiralen

* 70 Ruten von 240 cm Länge
* 1 Gurtband mit Noppenschnalle*

Verwendete Flechttechniken: einfaches Geflecht (siehe S. 32), doppeltes Geflecht (siehe S. 37), Fitze (siehe S. 40)

Verwendeter Knoten: einfache Umwicklung (siehe S. 22)

1

Die Stangen

1 Graben Sie den Boden am Umfang der Hütte um. Pflanzen Sie die Stangen mit einer Brechstange 30 cm tief ein. Setzen Sie für den Eingang zwei Stangen im Abstand von 80 cm und verteilen Sie die anderen vier um den Umfang. Die Stangen + Gruppen von drei Ruten müssen ca. alle 12 cm gesetzt und leicht zum Hütteninneren ausgerichtet werden.

Ein solides Fundament

Die Stangen und dreifachen Rutenstränge von 300 cm Länge, die wir als Weidenruten für diese Hütte verwenden, sollen für ein stabileres und höheres Flechtwerk mit einer besseren Verankerung im Boden sorgen. Die Stangen müssen steif genug sein, um die Spiralen zu halten. Die 3 m langen dreifachen Rutenstränge werden die Hütte mit ihrem Blätterkleid schmücken.

2 Wählen Sie für den Eingang die zwei stärksten Stangen und binden Sie sie auf 160 cm Höhe mit einer einfachen Umwicklung zusammen.

Die Umfassung

Wenn die Stangen eingepflanzt sind, ermöglicht Ihnen eine niedrige Umfassung aus doppeltem Geflecht am Boden, die Abstände und Ausrichtung der Stangen einzurichten, aber vor allem, die ganze Hütte zu verstärken.

3 Beginnen Sie Ihr einfaches Geflecht am rechten Eingangspfosten und mit den Spitzen an den Enden. Flechten Sie mindestens vier Passagen, bevor Sie zum doppelten Geflecht übergehen.

4 Schneiden Sie die Enden der ersten beiden Flechtruten unauffällig an einer Stange ab.

5 Nehmen Sie sich während der ersten Flechtrunde die Zeit, alle Stangen der Hütte gut zu positionieren.

6 Wenn Sie am linken Eingangspfosten ankommen, müssen Ihre Flechtruten eine Kehrtwende machen, damit Sie in die entgegengesetzte Richtung weiterflechten können. Es bieten sich dafür mehrere Möglichkeiten (siehe Schritte 4 bis 6 oder 4′ bis 6′, S. 56).

7 Flechten Sie auf diese Weise hin und her, bis Sie eine Höhe von 10 cm erreicht haben. Verflechten Sie dann noch Ihre Ruten, vermeiden Sie dabei, genau am Eingang zu enden, und fixieren Sie die Spitzen zu Schluss im Geflecht.

8 Sie können die Umfassung eventuell auch etwas höher machen, vergewissern Sie sich jedoch, dass Ihre Stangen sie tragen können, und halten Sie die Stangen am Eingang bei jeder Kehrtwende gut in Position.

Die Spiralen

Dieses Modell hat ***zwei Spiralen, die an verschiedenen Stellen*** *beginnen, und jede Spirale wird an der Tür unterbrochen.*
Die ***erste Spirale beginnt*** *gleich neben dem rechten Eingangspfosten. Die* ***Spirale (A)*** *(in Rot) endet, nach einer kleinen Unterbrechung oben am Eingang, am oberen Ende des linken Eingangspfostens. Sie besteht also aus zwei Abschnitten:* ***Abschnitt A1*** *und* ***Abschnitt A2****.*
Die ***zweite Spirale beginnt*** *etwa zwanzig Stangen weiter als die erste. Die* ***Spirale (B)*** *(in Blau) endet, nach einer Unterbrechung auf halber Höhe des Eingangs, am oberen Ende des linken Eingangspfostens. Sie besteht also ebenfalls aus zwei Abschnitten:* ***Abschnitt B1*** *und* ***Abschnitt B2****.*
Die Anfänge der Spiralen müssen über sechs Stangen an der Umfassung anliegen. Jede Spirale wird mit einer einzigen Fitze, gefolgt von mehreren Gängen aus doppeltem Geflecht hergestellt.

Die Hütte mit den beiden fertigen Spiralen.

Umreißen der Spiralen

Um den Ausgangspunkt und den Flechtwinkel der Spiralen zu wählen, benutze ich einige Ruten, die ich in den Stangen der Hütte befestige, um das Ganze aus der Ferne betrachten, meinen „Entwurf" visualierien und gegebenenfalls justieren zu können. Damit Sie diese provisorischen Ruten beim Flechten nicht stören, befestigen Sie, bevor Sie die Ruten entfernen, als Anhaltspunkte kleine Stücke Bindfaden an einigen Stangen.

10

11

9 Bevor Sie die Spiralen flechten, binden Sie die Stangen oben an der Hütte zusammen, um ihr die gewünschte Form zu geben. Das wird Ihnen das Flechten erleichtern. Benutzen Sie dazu am besten ein Gurtband mit Nockenschnalle*. Befestigen Sie auch das Gurtband mit einem Stück Bindfaden an zwei oder drei Stangen, damit es nicht nach oben rutscht.

10 Flechten Sie zunächst den untersten Abschnitt, also den ***Abschnitt B1***. Fügen Sie die Ruten für die Fitze mit den Enden auf beiden Seiten einer Stange direkt in die Umfassung ein. Flechten Sie zwei oder drei Passagen, verdoppeln Sie die Ruten dann bald, flechten Sie bis zur Mitte des linken Eingangspfostens und vermeiden Sie, bei den letzten Durchgängen noch Ruten hinzuzufügen.

11 Machen Sie eine Kehrtwende um den linken Eingangspfosten herum und halten Sie ihn dabei gut fest.

12 Zur Erleichterung können Sie nun bis zum Ende der Ruten in die andere Richtung mit dem einfachen Geflecht weitermachen, wie ein Linkshänder (siehe Schritte 4 bis 6, S. 56), ohne weitere Ruten hinzuzufügen..

Nun geht es darum, den Abschnitt mit sieben einzeln geflochtenen Durchgängen aus doppeltem Geflecht über der Fitze zu verbreitern. Die Anfänge der Durchgänge aus doppeltem Geflecht staffeln sich über sechs Stangen, immer links vom vorhergehenden Anfang (oder fast). Um diese Anfänge etwas zu konzentrieren, habe ich die Anfänge zweier Flechtdurchgänge rechts vom vorhergehenden Anfang versetzt (es kann weder der erste noch der letzte Anfang sein). Diese versetzten Anfänge werden also nicht an der Umfassung, sondern an einem Flechtdurchgang fixiert.

13 Beginnen Sie den ersten Flechtdurchgang, indem Sie die Enden der Ruten über der Anfangsstange der Fitze und der Stange links daneben fixieren. Verdoppeln Sie die Ruten nach zwei oder drei Wechseln ein- oder zweimal, je nachdem wie dick Ihre Ruten sind, und flechten Sie bis zur Kehrtwende am linken Eingangspfosten. Flechten Sie bis zum Ende der Ruten zurück und lassen Sie die Spitzen stehen.

14 Flechten Sie die folgenden Durchgänge aus doppeltem Geflecht und richten Sie es so ein, dass Sie immer zwei der Spitzen (aber nicht die letzte) stehenlassen, kurz bevor Sie am linken Eingangspfosten ankommen und die Kehrtwende machen. Dank dieser kleinen „Schummelei" können Sie die Breite der Spirale feiner anpassen. Für ein möglichst diskretes Ergebnis vermeiden Sie, dieses Verfahren an zwei aufeinanderfolgenden Flechtdurchgängen anzuwenden, sondern immer zwischen zwei Flechtdurchgängen, die die Kehrtwende machen.

15 Fügen Sie die Enden der Ruten für den letzten Flechtdurchgang in die Umfassung ein, um sie zu fixieren (zumindest die linke), und vergewissern Sie sich, dass Sie eine schöne Kehrtwende machen und noch einige Durchgänge zurückflechten können. Fixieren Sie diese letzten Spitzen im darunterliegenden Geflecht.

16 Beginnen Sie nun mit **Abschnitt A1**, indem Sie eine Fitze flechten, die sieben Stangen weiter rechts vom Eingangspfosten beginnt und ungefähr 10 cm unterhalb des oberen Endes des Eingangs am linken Eingangspfosten endet.

17 Machen Sie die Anfänge der Durchgänge aus doppeltem Geflecht wie bei **Abschnitt B1** (siehe

Schritt 13). Beenden Sie bestimmte Flechtdurchgänge (mindestens vier, aber nicht den letzten) an verschiedenen Stellen, um die Spirale zu verfeinern.

18 Wenn Abschnitt A1 fertig ist, machen Sie den Anfang für Abschnitt B2. Beginnen Sie am rechten Eingangspfosten im Verlauf von **Abschnitt B1**, sodass die Spirale trotz der Unterbrechung fließend fortgesetzt wird.

19 Fixieren Sie Ihre Ruten mit der Spitze und dem Ende hinter der Anfangsstange. Bevor Sie mit der Fitze beginnen, wickeln Sie eine Rute ganz um die Stange (tote Runde*), um den Anfang zu fixieren. Verdoppeln Sie die Fitze bald, bevor Sie die Enden der beiden ersten Ruten diskret stehenlassen, und führen Sie sie ungefähr über eine halbe Runde um die Hütte.

20 Die Anfänge der drei oder vier Durchgänge aus doppeltem Geflecht, die über der Fitze folgen, ohne jemals darüber hinauszugehen, erfolgen ebenfalls mit der Spitze und dem Ende am echten Eingangspfosten. Machen Sie, bevor Sie mit einem Flechtdurchgang beginnen, eine tote Runde, um den Anfang jedes Abschnitts zu verstärken.

21 Verdoppeln Sie Ihr Geflecht bald, damit es in der Stärke mit dem Ende von Abschnitt A1 übereinstimmt, und verfeinern Sie dann nach und nach das Ende der Spirale, indem Sie manchmal Ihre Ruten stehenlassen, auch wenn sie noch lang sind. Kein Flechtdurchgang darf über den vorhergehenden hinausgehen und die Fitze muss immer einen Vorsprung behalten.

22 Machen Sie nun den Anfang für **Abschnitt A2** und befolgen Sie die Schritte 18 bis 21.

23 Eine alternative Lösung ist, die **Abschnitte B2 und A2** zu verlängern, bis sie zusammentreffen, wobei Sie darauf achten müssen, dass B2 im Verhältnis zu A2 im Voraus bleibt (A2 wird auf B2 treffen).
Richten Sie es so ein, dass Sie die doppelten Geflechte nach und nach beenden, bevor A2 und B2 aufeinandertreffen, und behalten Sie nur die zwei Fitzen.

24 Die Enden der einander überlagernden Spiralen müssen dann etwas mehr als eine komplette waagerechte Runde um die Hütte machen, bis Sie die Spitzen in dem Geflecht, das sie überlagern, fixieren können. Fertig!*

Die Dekorationen

- ~ Das Diabolo
- ~ Die runde Faschine
- ~ Die Ranksäule aus Rautengeflecht
- ~ Der Rankobelisk

Dieses Modell hat unten zwei Spiralen, wir erklären jedoch nur, wie eine Spirale geflochten wird.

Das Diabolo

Maße des Diabolos: 250 cm Höhe (ohne die oben überstehenden Stangen), 115 bis 120 cm Durchmesser oben und unten, 15 cm Durchmesser an der Verengung in der Mitte

Material und Ausrüstung

- **Für die Stangen:** 16 Stangen von 350 cm Länge
- **Für das Flechtwerk:** 260 bis 280 bzw. etwas mehr als 12 kg Weidenruten
  Beginnen Sie mit 160 bis 180 cm langen Ruten an der Verengung, flechten Sie dann die zwei Spiralen mit 240 bis 260 cm langen Ruten weiter und enden Sie mit 260 bis 280 cm langen Ruten für die waagerechten Runden.
- 1 zylinderförmiger Gegenstand aus dem Schrott (1 Stück Rohr aus PVC oder 1 Dose aus Metall etc.) mit einem Durchmesser von ungefähr 12 cm
- 1 Schlauch*
- 1 Hocker

Verwendete Flechttechniken: einfaches Geflecht (siehe S. 32), doppeltes Geflecht (siehe S. 37), Fitze (siehe S. 40)

Bevor Sie anfangen

Für die Stangen brauchen Sie keine Weide. Benutzen Sie Stangen aus Haselnuss-, Eschen- oder Kastanienholz etc. Dieses Diabolo ist gigantisch und wird nicht eingepflanzt (es sei denn, Sie heben den Boden aus). Sie werden es also umstellen können. Lassen Sie sich das zugutekommen und wählen Sie zum Flechten einen angenehmen Ort!

Dieses Diabolo ist sehr dekorativ und kann sowohl als Rankhilfe für Kletterpflanzen, als Schutz für empfindliche Pflanzen oder als Käfig für Wildpflanzen dienen. Mit ein bisschen Geotextilie und Einfallsreichtum kann der obere Teil als Ständer für eine Hängepflanze verwendet werden ...

Die Stangen

1 Ziehen Sie zunächst einen Kreis am Boden und markieren Sie die Mitte.

2 Setzen Sie die Stangen alle 22 bis 23 cm, **aber pflanzen Sie sie nicht 20 cm tief ein**, sondern stecken Sie sie nur ein wenig an der Kreislinie in den Boden und halten Sie sie an der Mitte zusammen. Wenn alle Stangen an Ort und Stelle sind, setzen Sie einen zylinderförmigen Gegenstand oben in die Verengung und drehen Sie die ganze Konstruktion etwas nach rechts, um die Stangen leichter nebeneinander anordnen zu können.
Fixieren Sie das Ganze mit einem Schlauch, sodass sich der Zylinder genau senkrecht über der Kreismitte befindet.

3 Korrigieren Sie die Stangen gegebenenfalls und treiben Sie sie dann nacheinander maximal 5 cm tief in den Boden.

Wir werden zuerst den oberen Teil des Diabolos flechten (von der Verengung bis zur gewünschten Höhe) und es dann umdrehen, um den unteren Teil zu flechten. Wenn Sie die Stangen zu tief in den Boden setzen, werden Sie Schwierigkeiten haben, das Diabolo umzudrehen, ohne es zu verformen und ohne dass die Stangen im Flechtwerk verrutschen ...

Nehmen Sie einen Schemel zu Hilfe!
Für ein Diabolo dieser Größe müssen Sie in der Höhe arbeiten und sich um das Werk herum bewegen, um von 1,60 m bis auf fast 3 m Höhe zu flechten. Bei dem kleineren Modell ist das nicht der Fall (siehe S. 91)!

Die Spirale

Beginnen Sie mit dem Flechten etwas oberhalb der Verengung, um genug Platz zum Einfügen der Weidenruten zu haben. Die an der Verengung noch sehr feine Spirale beginnt mit einer Fitze, die dann nach oben hin, wo das Diabolo immer breiter wird, mit drei dicken doppelten Geflechten verstärkt wird.

4 Beginnen Sie Ihre Fitze mit der Spitze und dem Ende (anders geht es kaum, da zwischen den Stangen so wenig Platz ist). Verdrehen Sie die beiden Ruten leicht miteinander, damit sie an ihrem Platz bleiben.

5 Machen Sie mit der Fitze eine komplette Runde waagerecht um das Diabolo herum und flechten Sie dann über dieser ersten Runde noch zwei oder drei weitere Durchgänge. Lassen Sie Ihre Fitze von da an über die Hälfte einer Runde ansteigen und flechten Sie sie vorläufig nicht weiter. Machen Sie bei dieser Fitze die erste Verlängerung Ende an Ende. Dann brauchen Sie sie nur noch nach und nach zu verdoppeln, um sie zu verlängern.

6 Um das Spiralmuster zu verdicken, wird die Fitze mit einem und dann noch zwei weiteren doppelten Geflechten über der Fitze verstärkt. Beginnen Sie mit dem ersten doppelten Geflecht an der Stelle, wo die Fitze anzusteigen beginnt. Fixieren Sie das Geflecht, genau wie die Fitze, mit der Spitze und dem Ende und flechten Sie bis zu der Stelle, wo die Fitze aufhört.

7 Setzen Sie nun abwechselnd die Fitze und das doppelte Geflecht fort, indem Sie darauf achten, dass das doppelte Geflecht gegenüber der Fitze immer einige Stangen zurück ist. Machen Sie beim doppelten Geflecht, genau wie bei der Fitze, die erste Verlängerung Ende an Ende und verdoppeln Sie es dann nach und nach, indem Sie Ruten hinzufügen.

8 Wenn Sie meinen, dass es an der Zeit ist, das Flechtwerk noch zu verstärken, fügen Sie zwischen der Fitze und dem ersten doppelten Geflecht ein zweites doppeltes Geflecht ein. Beginnen Sie bei diesem Geflecht mit den Enden der Ruten und flechten Sie drei oder vier Durchgänge, bevor Sie es verdoppeln. **Generell müssen Sie bei jeder neuen Runde der Spirale ein weiteres doppeltes Geflecht einfügen**

9 Was die Flechtreihenfolge betrifft, so bleibt die Fitze immer in Führung, das zweite doppelte Geflecht (doppeltes Geflecht 2) gleich darüber kommt an zweiter Stelle und schließlich das erste doppelte Geflecht (doppeltes Geflecht 1) an dritter Stelle. Um die Spirale zu verdichten, schieben Sie die Ruten der Fitze und der beiden doppelten Geflechte eng zusammen.

10 Fügen Sie Ihr drittes doppeltes Geflecht entweder zwischen der Fitze und dem doppelten Geflecht 2 oder zwischen den doppelten Geflechten 1 und 2 ein und behalten Sie dabei immer die Flechtreihenfolge von unten nach oben bei. Sorgen Sie dafür, dass das doppelte Geflecht 1 immer den oberen Abschluss und die Fitze den unteren Abschluss der Spirale bildet.

11 Wenn Sie die gewünschte Höhe der Spirale erreicht haben, flechten Sie horizontal weiter. Machen Sie eine komplette Runde und lassen Sie die Ruten anschließend nach und nach stehen, indem Sie horizontal weiterflechten. Verkeilen Sie die Spitzen des letzten doppelten Geflechts, indem Sie sie einige Male durch das Flechtwerk schieben.

12 Flechten Sie, bevor Sie das Diabolo umdrehen, eine provisorische Runde aus einfachem Geflecht am Fuß des Diabolos, damit der fertige obere Teil nicht durch das Gewicht der Stangen verformt wird und damit die gewählte Aufweitung erhalten bleibt. Drehen Sie nun das Diabolo um.

13 Wiederholen Sie die Schritte 5 bis 12, um die Spirale am unteren Teil des Diabolos zu flechten. Entfernen Sie die provisorische Runde aus einfachem Geflecht, wenn Sie etwas mehr als die Hälfte dieser zweiten Spirale geflochten haben. Richten Sie es so ein, dass die Enden der Stangen nach der letzten horizontalen Flechtrunde noch 20 bis 30 cm aus dem Flechtwerk herausragen.

11

Hier wurde das Diabolo gerade umgedreht. Der obere Teil ist bereits fertig und man sieht die provisorische Runde aus einfachem Geflecht am unteren Teil ganz oben am Diabolo. Jetzt wird der untere Teil geflochten.

Fixieren des Diabolos im Boden
Da es sehr schwierig ist, alle Stangen in den Boden zu setzen, wenn das Diabolo schon fertig ist (außer an einem Strand), schneiden Sie die Stangen auf eine Länge von 10 bis 15 cm ab, mit Ausnahme von drei gleichmäßig über den Kreisumfang verteilten Stangen, welche Sie nicht abschneiden, sondern 20 bis 30 cm lang lassen (wie die Füße eines Hockers). Auf diese Weise können Sie Ihr Diabolo mit nur drei Stangen im Boden fixieren. Die gekürzten Füße werden einfach auf dem Boden stehen.

Flechten eines kleineren Diabolos

Maße des Diabolos: 220 cm Höhe (das eigentliche Flechtwerk hat eine Höhe von insgesamt 180 cm), 50 cm Durchmesser oben und unten, 9 cm Durchmesser an der Verengung

Material

- **Für die Stangen:** 22 Ruten von über 300 cm Länge (zugeschnitten, sodass nur der stärkste Teil bleibt)
- **Für das Flechtwerk:** ca. 100 Ruten von 160 cm Länge (auf jeder Seite: 1 Fitze + 3 doppelte Geflechte übereinander für 4 Runden Spiralgeflecht und 1 komplette horizontale Runde als Abschluss)

Um dieses Modell zu flechten, befolgen Sie Etappe für Etappe die Erklärungen für das große Diabolo mit dem oben genannten Material.

Die runde Faschine

Maße der Faschine: 20 cm Höhe, 80 cm Durchmesser

Material

- **Für die Stangen:** 19 Stangenstücke von 50 cm Länge
- **Für das Flechtwerk:** 6 bis 7 kg Ruten von 220 cm Länge (*Salix purpurea* 'Helix')
- **Für die Abschlusskimme „vor 2, hinter 1":** 19 Ruten von 260 cm oder 280 cm Länge (bzw. so viele, wie Sie Stangen haben)

Verwendete Flechttechniken: einfaches Geflecht (siehe S. 32), doppeltes Geflecht (siehe S. 37)

Als Dekoration für Ihren Garten, als Versteck für Ihren Gartenschlauch oder zum provisorischen Aufbewahren von Material (Häckselgut, Laub ...) – diese Faschine erwacht prinzipiell nicht wieder zum Leben, aber die Stangen treiben dennoch manchmal wieder!

Der Korb

1 Für diese Faschine brauchen Sie den Boden nicht vorzubereiten. Zeichnen Sie mit einem Zirkel am Boden einen Kreis und pflanzen Sie die Stangen im Abstand von 12 bis 13 cm ein.

2 Beginnen Sie das doppelte Geflecht mit den Enden der Ruten und verdoppeln Sie es gleich nach dem ersten Wechsel.

3 Verdoppeln Sie das Geflecht wie gewohnt so, dass Sie immer zwei Rutenstränge ähnlicher Stärke haben. Verdichten Sie das Geflecht regelmäßig mit einem Schlägel.

4 Für dieses Geflecht können Sie auch kurze Weidenruten (120 bis 160 cm) benutzen und bei jedem oder fast jedem Durchgang Ruten hinzufügen.

5 Flechten Sie weiter immer in der Runde, bis Sie eine Höhe von knapp 20 cm erreicht haben. Fügen Sie dann keine Ruten mehr hinzu und flechten Sie das doppelte Geflecht bis zum Ende der letzten Rutenspitzen.

Die Faschine von innen. Wenn Sie bei jedem Wechsel Ruten hinzufügen, werden alle Stangen so aussehen wie hier.

Varianten

- Diese Faschine ist rund, aber es hindert Sie nichts daran, ihr die Form zu geben, die Sie wollen (warum nicht die Form einer Malerpalette für Ihre Färberpflanzen), wobei Sie jedoch Rechte Winkel vermeiden sollten, denn sie erschweren das Flechten, vor allem das Flechten der Abschlusskimme.
- Diese hübsche Faschine kann auch als Anzuchtbehälter dienen, wenn Sie sie mit einer Geotextilie auskleiden, um das Geflecht vor Erde und unerwünschten Pflanzen zu schützen.

Die Abschlusskimme

Wie bei der geraden Faschine (siehe S. 55) bildet die Kimme einen schönen Abschluss und fixiert das Seitengeflecht. Diese Kimme ist ungefähr 3 cm hoch. Ich habe für dieses Modell eine einfache Kimme gewählt, aber Sie können sie verdoppeln oder verdreifachen, damit sie besser zur Geltung kommt.

6 Schneiden Sie die Stangen dicht am oberen Rand des Flechtwerks ab und schieben Sie links von jeder Stange eine neue Rute bis zum Boden in das Geflecht.

Zeit für ein wenig Mathematik! Die Methode für diese Kimme ist dieselbe wie bei der geraden Faschine: Nehmen Sie die rechte Rute des Paares ganz links und führen Sie sie vor 2 und dann hinter der nächsten Stange her. 2 + 1 = 3, wir werden also mit drei Rutenpaaren arbeiten.

Das heißt, wir müssen zuerst diese drei Paare bilden. Zu diesem Zweck werden wir zunächst drei der neuen Ruten umschlagen, immer hinter eine Stange. Achtung, lassen Sie dennoch ein wenig Platz unter diesen umgeschlagenen Ruten, um die Kimme beenden zu können.*

7 Positionieren Sie einen Marlspieker an der ersten Rute (in Rot) und schlagen Sie diese zunächst zu sich hin um, bevor Sie sie drehen und hinter der folgenden Stange herführen.

8 Entfernen Sie den Marlspieker und verfahren Sie mit den nächsten zwei neuen Ruten genauso, indem Sie von links nach rechts gehen. Diese drei Ruten entsprechen den drei Rutenpaaren, die Sie nun bilden und mit denen Sie arbeiten werden.

9 „Nehmen Sie die rechte Rute des Paares ganz links" und führen Sie sie „vor 2 und hinter 1" her. Da wir noch keine Paare haben, nehmen Sie einfach die Rute ganz links (in Rot) und führen Sie sie vor zwei Stangen und dann hinter der dritten Stange her, sodass sie auf der Außenseite der Faschine herauskommt.

Die Ruten für die Abschlusskimme
Für diese Abschlusskimme benötigen Sie nur 80 cm der Rutenenden. Dieser Abschnitt muss stark genug sein, um einen stabilen Abschluss zu erhalten. Stecken Sie 20 cm in das Geflecht der Faschine, mit den übrigen 60 cm wird geflochten.

10 Nehmen Sie nun die noch stehende Rute ganz links (die vierte, in Rosa), knicken Sie sie und schlagen Sie sie hinter den folgenden Stangen um.

11 Diese umgeschlagene Rute wird neben die rote Rute gelegt und bildet mit ihr ein Paar. Sie liegt also auf der rechten Seite des Rutenpaares. Dieses Paar wird wiederum „vor 2 und hinter 1" gelegt, wenn es an der Reihe ist.

12 Nehmen Sie jetzt wieder die neue Rute ganz links und führen Sie sie „vor 2 und hinter 1" her, schlagen Sie dann die noch stehende Rute ganz links „hinter 1" um, um ein zweites Rutenpaar zu bilden.

13 Machen Sie dasselbe noch einmal mit der Rute ganz links (die letzte Rute, die noch allein ist), führen Sie sie „vor 2 und hinter 1" her und schlagen Sie die noch stehende Rute ganz links „hinter 1" um. Diese beiden Ruten bilden das dritte Paar. **Von diesem Moment an haben Sie Ihre drei Rutenpaare ... ist Ihnen jetzt alles klar?**

Zur Überprüfung

Inzwischen haben Sie bestimmt bemerkt, dass Sie mit der Methode „vor 2, hinter 1" immer zwischen zwei Stangen herauskommen, und zwar gleich rechts neben der Lücke zwischen zwei Stangen, in der das zuletzt gebildete Rutenpaar liegt. Daran können Sie gut überprüfen, ob Sie keinen Fehler gemacht haben, obwohl es bestimmt sicherer ist, die Stangen, vor oder hinter denen Sie die Ruten herführen, zu zählen.

14 Wir gehen wieder an die Arbeit und machen weiter: Im dritten Paar ganz links lasse ich nun die linke Rute (in Rot) aus und nehme nur die rechte Rute (in Rosa), um sie „vor 2 und hinter 1" herzuführen. Ich vergesse dabei nicht, die noch stehende Rute ganz links (in Gelb) hinter den folgenden Stangen umzuschlagen, um ein neues Paar (Rosa/Gelb) zu bilden.

Von jetzt an werden Sie immer eine Rute zwischen zwei Stangen aufgeben – immer die linke Rute im dritten Rutenpaar ganz links.

15 Flechten Sie auf diese Weise eine ganze Runde, bis ein Rutenpaar an der ersten umgeschlagenen Stange (in Rot) „hinter 1" herauskommt.
An diesem Punkt gibt es nur noch eine Rute umzuschlagen (in Hellblau). Die vier Stöcke aus Silberweide (sie sind in Wirklichkeit gelblich, im Foto sind nur zwei zu sehen) dienen hier nur dazu, die letzten Lücken zwischen zwei Stangen (an denen keine zurückgelassene Rute herauskommt) besser zu visualisieren.

16 Ihre Kimme ist erst dann fertig, wenn in jeder Lücke zwischen zwei Stangen um die ganze Faschine herum eine Rute unter der Kimme heraussteht. Um die letzten vier Lücken zu füllen, nehmen Sie also die rechte Rute (in Dunkelblau) des Paares ganz links und führen Sie sie „vor 2" her. Für die Passage „hinter 1" müssen Sie sie jedoch von der Innenseite der Faschine aus (anstelle des ersten Stöckchens aus Silberweide) unter der ersten umgeschlagenen Rute (in Rot) durchschieben.

10
11
13
14
15
16

17 Vergessen Sie nicht die letzte noch „hinter 1" umzuschlagende Rute (in Hellblau) – auch diese müssen Sie von der Innenseite aus unter der roten Rute durchschieben, damit sie mit der dunkelblauen Rute ein Paar bildet.
Diese Durchgänge von der Innenseite aus müssen sehr sorgsam durchgeführt werden, damit sich die Rute wie gewünscht biegt, aber nicht knickt* und ihre ganze Flexibilität zum Ausdruck bringt. Sie haben jetzt noch drei Paare, das heißt drei Ruten, die Sie anstelle der noch übrigen Ruten durch das Geflecht schieben müssen, damit sich zwischen zwei Stangen jeweils ein Rutenende befindet.

18 Nehmen Sie die linke Rute im Paar ganz rechts (in Orange) und schieben Sie sie anstelle des zweiten Stöckchens aus Silberweide unter der zweiten umgeschlagenen Stange (in Dunkelgrün) durch, sodass sie links neben der roten Rute zu liegen kommt. Nehmen Sie einen Marlspieker zu Hilfe.

19 Nur noch zwei Paare! Nehmen Sie die rechte Rute im Paar ganz links (in Hellgrün) und führen Sie sie „vor 2 und hinter 1" her. Damit sie an der richtigen Stelle herauskommt, muss sie (anstelle des dritten Stöckchens) unter den umgeschlagenen Ruten in Violett und Rot durchgeschoben werden. Wenn sie durch ist, ziehen Sie ein wenig an ihr, damit sie sich gut zwischen dem Knick der violetten Rute und der dunkelgrünen Rute verkeilt.

20 Mit der letzten Rute (die rechte Rute im letzten Paar in Hellblau) verfahren Sie genauso, nur muss sie unter drei Ruten durchgeschoben werden, bis sie an der vierten umgeschlagenen Rute (in Rosa) zu liegen kommt, immer unter dem Knick (anstelle des vierten Stöckchens). Damit Ihnen das gelingt, müssen Sie fest an der Rute ziehen und mit einem Marlspieker draufdrücken, damit sie an ihren Platz kommt.

21 Sie haben jetzt eine schöne Sonne ... mit jeweils einer Rute zwischen zwei Stangen! Kappen* Sie diese „Sonnenstrahlen", indem Sie leicht daran ziehen, aber achten Sie darauf, dass sie durch eine Stange gehalten werden.

Verschiedene Namen für ein und denselben Randabschluss …

Es gibt zahlreiche Randabschlüsse, die nach diesem Prinzip geflochten werden. Sicher werden Sie auf die so genannte „Viererkimme" stoßen. Bei der Viererkimme werden drei Stangen „hinter 1" umgeschlagen, sodass man drei Paare hat, genau wie hier.

Dreifach geflochtene Ranksäule im Blätterkleid

Ranksäule aus Rautengeflecht

Egal ob aus ein-, zwei- oder dreifachem Rautengeflecht, diese Ranksäule ist leicht herzustellen und wenig materialaufwändig. Sie ist vor allem dekorativ, kann aber auch einen Durchgang markieren, einem Raum Höhe verleihen oder einfach das Mähen unterhaltsamer gestalten ...

Maße der Ranksäule: 40 cm Durchmesser, 190 cm Höhe

Material für eine Ranksäule aus doppeltem Rautengeflecht

- 44 Ruten von 180 cm Länge oder mehr
- 11 Rutenspitzen pro Knotenreihe

Verwendeter Knoten: Rebenbinder (siehe S. 21)

1 Zeichnen Sie einen Kreis am Boden, bereiten Sie den Boden vor und frischen Sie die Ruten auf, indem Sie die Enden schräg anschneiden.

2 Nehmen Sie einen Maßstock* von 10 cm Länge zu Hilfe und pflanzen Sie die nach rechts weisenden Ruten immer zu zweit im Abstand von 10 cm ein, indem Sie sie leicht neigen.

3 Wenn Sie alle Ruten über den gesamten Kreisumfang eingepflanzt haben, setzen Sie die nach links weisenden Ruten. Den Maßstock brauchen Sie nun nicht mehr, pflanzen Sie Ihre Rutenpaare zwischen den schon stehenden Ruten und neigen Sie sie in die andere Richtung.

4 Indem Sie die nach links weisenden Ruten vor den nach rechts ausgerichteten Ruten pflanzen, bilden Sie bereit Ihre erste Reihe von Kreuzungen.

5 Wie bei der Hecke und der Hütte aus Rautengeflecht ist es am einfachsten, die Ruten Kreuzungsreihe um Kreuzungsreihe von links nach rechts zu flechten. Beginnen Sie am Boden und arbeiten Sie im Kreis um die Ranksäule herum. In der zweiten Kreuzungsreihe müssen die nach rechts ausgerichteten Ruten vor den nach links weisenden Ruten liegen.

Ranksäule aus ein-, zwei- oder dreifachem Geflecht ... wie viele Ruten?

- Für eine Ranksäule aus einfachem Geflecht, teilen Sie die in der Materialliste angegebene Anzahl an Ruten. Für eine Ranksäule aus dreifachem Geflecht, multiplizieren Sie die Anzahl der Ruten für eine Ranksäule aus einfachem Geflecht mit drei.
- Sie können auch die folgende kleine Berechnung durchführen: multiplizieren Sie den Durchmesser (in cm) der Ranksäule mit 3,14, um den Kreisumfang (in cm) zu erhalten. Teilen Sie diesen durch 5 (da zwischen den Ruten ein Abstand von 5 cm gelassen wird) und sie haben die Anzahl an Ruten für eine Ranksäule aus einfachem Geflecht. Dieses Ergebnis müssen Sie nur noch mit 2 oder 3 multiplizieren, je nachdem, ob Sie eine zwei- oder dreifach geflochtene Ranksäule herstellen möchten ...

6 Korrigieren Sie gegebenenfalls die Neigung der Ruten. Machen Sie dann die dritte Reihe von Kreuzungen und anschließend die vierte. In dieser Reihe können Sie die Kreuzungen mit Rebenbindern fixieren. Diese Knoten erfolgen auf einer Linie an jeder Kreuzung. In der siebten Reihe werden wieder Knoten gemacht. Auf diese Weise sorgen Sie dafür, dass die Ranksäule in Form bleibt.
Sie können die Rauten noch justieren, auch wenn Sie die Knoten schon gemacht haben, sodass alle Knoten schön horizontal auf einer Linie sind.

7 Um Ihr Geflecht zu überprüfen, richten Sie sich nach den Hinweisen im Kästchen „Kurze Überprüfung" auf S. 53.

Um es noch besser zu machen ...

Dieses Geflecht hat nur wenig Spannung. Wenn Sie die Form Ihrer Ranksäule erweitern oder verengen möchten, planen Sie das Pflanzen der Ruten entsprechend und machen Sie mehr Knoten. Egal welche Form Sie wählen, Sie können auch hier ein zwei- oder dreifaches Geflecht anwenden.

Der Rankobelisk

Diese Obelisken genannten Rankhilfen haben nicht nur einen interessanten Namen – sie können dazu verwendet werden, Räumen mehr Volumen zu verleihen oder um Eingänge, Durchgänge oder Kreuzungen zu gestalten. Wenn das Geflecht gut verdichtet wird, kann der Korb am Fuß des Modells als Blumentopf für eine Kletterpflanze oder andere Pflanzen dienen.

Maße des Obelisken: 70 cm Durchmesser, 250 cm Höhe (Ende des Flechtwerks)

Material

- **Für die Stangen:** 16 Stangen von mehr als 320 cm Länge
- **Für das Geflecht (Korb):** 6 bis 7 kg Ruten von 120 bis 140 cm Länge
- **Für den Randabschluss:** 4 Ruten von 300 cm Länge
- **Für die Umwicklungen:** 3 gekordelte Ruten* von 260 cm Länge
- **Für die Spirale:** etwas mehr als 50 immer dünner werdende Ruten von 180 bis 140 cm Länge

Verwendete Flechttechniken: einfaches Geflecht (siehe S. 32), doppeltes Geflecht (siehe S. 37), Fitze (siehe S. 40)

Verwendeter Knoten: einfache Umwicklung (siehe S. 22)

1 Ziehen Sie einen Kreis mit einem Durchmesser von 70 cm und pflanzen Sie dann die Stangen mit Hilfe eines Brecheisens im Abstand von 13 bis 14 cm und mindestens 25 cm tief in den Boden.

2 Gleichen Sie den Abstand zwischen den Stangen ab, damit der Abstand zwischen den beiden letzten nicht zu klein wird.

3 Machen Sie zwei Runden aus einfachem Geflecht, indem Sie mit den Spitzen anfangen (um etwas Höhe zu gewinnen, ohne zu viel Material zu verbrauchen) und verdoppeln Sie Ihr Geflecht gleich darauf, Ende an Ende.

4 Verdoppeln Sie das Geflecht weiter, immer angefangen mit den Füßen der Ruten, bis Sie zwei Rutenstränge von einigermaßen gleicher Stärke haben.

5 Die Spitzen werden nach und nach stehengelassen. Ob Sie sie auf der Innen- oder der Außenseite des Flechtwerks lassen, ist Ihre Entscheidung. Sie werden zum Schluss gekappt*.

6 Beenden Sie den Korb mit einem Randabschluss aus einfachem Geflecht und verwenden Sie dafür nur die stärksten Abschnitte der vier zu diesem Zweck reservierten Ruten. Machen Sie mindestens zwei Runden.

7 Um diesen Randabschluss zu fixieren, genügen drei einfache Umwicklungen, von denen sich eine in der Nähe der Fuß-an-Fuß-Verlängerung befinden sollte. Jede Umwicklung wird mit einer einzigen gekordelten Rute* gemacht.

3

4

6

Das Kordeln

Das Kordeln verlangt ein wenig Übung. Ich sage immer, man muss mit den Fingerspitzen erfühlen, was in der Faser vor sich geht.

Gut zu wissen!
Die Kordel löst sich, sobald die Spannung nachlässt. Man muss also nicht nur immer etwa fünfzehn Zentimeter unter Spannung halten, sondern die Rute nach und nach erneut kordeln, je weiter die Umwicklung fortschreitet.

8 Schneiden Sie das Ende der Rute pfeifenförmig zu, führen Sie es an einer Stange 15 cm tief in das Geflecht ein und schlagen Sie die Rute über das Geflecht um.

8

9 Fixieren Sie die Rute zwischen den Fingern Ihrer rechten Hand etwa 40 bis 50 cm vom Geflecht entfernt, während Sie sie mit der linken Hand (nah am Geflecht) biegen*, um eine Art Kurbel zu formen, mit der Sie die Rute verdrehen.

10 Wenn Sie diese Kurbel drehen, spüren Sie, wie sich die Fasern der Rute von links verdrehen. Rücken Sie, ohne die Spannung zu verringern, mit den Händen nach und nach zur Spitze vor, indem Sie die Kurbelbewegung beibehalten, um die Rute über mehr als 80 cm zu kordeln.

11 Das Ende der Rute bleibt intakt, es wird angespitzt*, um die Rute durch das Geflecht schieben und eine Umwicklung machen zu können.

12 Halten Sie die Rute auf der Innenseite des Flechtwerks, kordeln Sie sie erneut einige Zentimeter und führen Sie sie dann 2 oder 3 cm unter dem Rand durch das Geflecht. Nehmen Sie gegebenenfalls einen Marlspieker zu Hilfe.

9

12

13 Ziehen Sie die ganze Rute nach außen durch das Geflecht, ohne die Spannung der bereits in der Umwicklung befindlichen Rute zu verringern. Kordeln Sie einige Zentimer nach ... und machen Sie drei Wicklungen auf verschiedenen Höhen.

14 Zögern Sie nicht, die Wicklungen fest gegen die Stange zu drücken und stark an der gekordelten Rute zu ziehen, ihre Widerstandskraft ist unglaublich!

15 Kordeln Sie Ihre Rute (die auf der Außenseite des Flechtwerks herauskommt) bei der vierten Wicklung durch das Geflecht noch einmal nach, bevor Sie sie mit Hilfe eines Marlspiekers unter der Umwicklung durchschieben.

16 Machen Sie zwei Runden durch die Umwicklung, um die Wicklungen einzuschnüren, und verkeilen Sie den Rest der Rute dann diskret im Geflecht.

Die Spirale

Die Größe dieses Rankobelisken erfordert eine gut sichtbare Spirale, die sich während ihres Aufstiegs um die Stangen allmählich verfeinert. Sie beginnt mit einer Fitze, die mit drei doppelten Geflechten nach oben hin verbreitert wird, welche dann nach und nach beendet werden, bis nur noch die Fitze übrigbleibt.

17 Beginnen Sie also Ihre Fitze mit den Rutenenden, indem Sie auf beiden Seiten einer Stange je eine Rute in das Geflecht einführen. Richten Sie die Ruten von Anfang an in dem gewünschten Anstiegswinkel der Spirale aus.

18 Flechten Sie zwei Drittel oder drei Viertel einer Runde, lassen Sie die Ruten dann vorläufig stehen und kommen Sie zurück zum Anfang der Fitze, um dort, an der Stange gleich links daneben, mit einem doppelten Geflecht zu beginnen (angefangen mit den Rutenenden).
Verdoppeln Sie Ihr Geflecht schon bald und flechten Sie bis zu einigen Stangen vor dem vorläufigen Ende der Fitze. Wiederholen Sie dieses Verfahren und flechten Sie ein zweites doppeltes Geflecht, das an der Stange links von dem ersten doppelten Geflecht beginnt.

Wichtig
Das dritte doppelte Geflecht ist das, welches beim Verfeinern der Spirale zuletzt beendet wird. Es wird bis oben hin geflochten – bis es schließlich für die allerletzte Runde der Fitze weicht.

17

19 Führen Sie für das dritte doppelte Geflecht, das wiederum an der Stange links vom Anfang des vorhergehenden Geflechts beginnt, die linke Rute (in Rot) an der Stange in das Geflecht ein und legen Sie sie sofort hinter diese Stange, damit sie ihren Platz einnimmt.

20 Sie haben nun vier aufeinanderfolgende Geflechte. Setzen Sie diese abwechselnd in der Reihenfolge, in der Sie sie angelegt haben, fort.

21 Treten Sie oft einen Schritt zurück, um den Anstiegswinkel der Spirale zu justieren, um zu entscheiden, ab wann die Geflechte nicht mehr verdoppelt und an welcher Stelle sie ganz beendet werden sollten. Sehen Sie dem Ende etwas voraus, indem Sie die letzten Ruten in größeren Abständen hinzufügen, aber verflechten Sie die Ruten bis zum Ende der Spitzen. Das oberste Geflecht wird die anderen überlagern und die Rutenenden fixieren.

19

20

22 Flechten Sie auch die zuletzt hinzugefügten Ruten des dritten doppelten Geflechts bis zum Ende.

23 Machen Sie nun noch mit der Fitze eine Runde, sodass sie das Ende des letzten doppelten Geflechts überlagert. Verkeilen Sie die Spitzen in dem darunterliegenden Geflecht. Fertig!*

Anhang

- ~ Glossar
- ~ Kleines Stichwortverzeichnis
- ~ Gute Adressen
- ~ Bibliografie
- ~ Danksagung

Glossar

Anspitzen
Anspitzen nennt man das spitze Zuschneiden des starren unteren Endes einer Rute, damit es zum Fixieren der Rute in einen Knoten oder ein Geflecht gesteckt werden kann.

Gekordelte Rute
Um die Widerstandskraft einer Weidenrute zu erhöhen, kann man sie kordeln. Sie wird dabei um sich selbst gedreht, bis sich die Fasern trennen und verdrillen wie die Stränge einer Kordel.

Schlauch
Ein Fahrradschlauch ist recht billig und leicht zu finden und eignet sich, in schmale Streifen geschnitten, gut dazu, Ruten vor dem Binden eng zusammenzuschnüren. Das haftende Material rutscht kaum, auch bei Regen.

Biegen
Eine Rute sehr sorgsam krümmen, damit sie nicht knickt (siehe „Knicken").

Knicken
Einen Knick in eine Rute machen – manchmal absichtlich, aber oft sehr ärgerlich, denn ein Knick bildet eine Bruch- oder Schwachstelle, welche die Rute daran hindert, wieder lebendig zu werden.

Eine Rute kappen
Bei einem Flechtwerk ragen am Ende immer einige Ruten aus dem Geflecht heraus (innen oder außen). Kappen bedeutet einfach, dass man alles, was übersteht, abschneidet, aber nicht zu kurz. Achten Sie immer darauf, dass die gekappte Rute durch eine Stange gesichert wird und nicht auf der anderen Seite herausrutschen kann.

„Fertig!"
Darf mit Begeisterung und ein wenig Stolz verkündet werden, wenn ein Werk abgeschlossen ist!

Maßstock
Ein kleiner, auf eine gewünschte Länge zugeschnittener Stock, mit dem man Abstände abmessen kann, damit sie gleich sind. Man legt den Stock immer ein Stück weiter.

Eine Stange umschlagen
Eine Stange bündig mit dem Geflecht umknicken, um sie dorthin zu bringen, wo sie hingehört.

Ramifikation
Ramifikationen sind die kleinen Zweige an den Weidenruten. Man kann sie abschneiden, aber dadurch entsteht eine Bruchstelle an der Rute. Im Freien ist es besser, sie zu lassen, denn sie schaffen mehr Fülle.

Gurtband mit Nockenschnalle
Sehr praktisch zum Zusammenbinden der Stangen einer Hütte. Oft muss man es mit einem Stück Bindfaden an mehreren Stangen befestigen, damit es an der gewünschten Stelle bleibt und nicht nach oben rutscht. Dank der Schnalle kann man den Gurt durch einfaches Ziehen nach und nach festziehen.

Tote Runde
Eine ganze Runde einer Rute um eine Stange, meistens um einen Pfosten oder eine „Ecke", bei der fest an der Rute gezogen wird.

Kleines Stichwortverzeichnis

Gute Adressen

Weiden & -anbau

Felix Teske
Untermenzingerstraße 16
80997 München
DEUTSCHLAND
Tel.: +49 089-23516805
E-Mail: info@dein-bauernhof.de
www.dein-bauernhof.de

Korbsalix
Josef-Karner-Platz 1
3423 St.Andrä-Wördern
Österreich
Tel.: +43 (0) 676 307 88 22
E-Mail: korbsalix@gmail.com
www.korbsalix.at

Weiden Heid
Markus Heid
Am Otterbach 21
76777 Neupotz
DEUTSCHLAND
Tel.: + 49 (0) 7272/8759
E-Mail: info@weiden-heid.de
www.weiden-heid.de

Joachim Rhode
Allee 15
35104 Lichtenfels
DEUTSCHLAND
Tel.: +49 (0) 5636-1202
E-Mail: j-rhode@web.de
www.flechtweiden.de

Korbflechter

Korbwaren Friedrich
Augustin Friedrich
Korbwaren Friedrich
Am Bahnhof 3
96146 Altendorf
DEUTSCHLAND
Tel.: +49 (0) 95455544
E-Mail: info@korb-friedrich.de
www.korb-friedrich.info

Susanne Büttgens
Bixnaaf 10
51491 Overath
DEUTSCHLAND
Tel.: +49 (0) 2206/76 37
www.geflochtenes.eu

Werkzeuge für die Korbflechterei

Korbwerkstatt & Korbflechterei Krines

Karlheinz und Beate Krines
Korbwerkstatt Krines
Eichendorffstr. 12
97522 Sand am Main
DEUTSCHLAND
Tel.: +49 (0) 9524/301996
E-Mail: kontakt@korbwerkstatt-krines.de
www.korbwerkstatt-krines.de/

Bibliografie

Alessandro Rocca, ***Architecture naturelle***, Actes Sud, 2007.

Babeth Ollivier, ***Vannerie buissonnière, tressages simples des bords de chemins***, éditions de Terran, 2016.

Dominique Brochet, ***Le saule, la plante aux mille pouvoirs***, éditions de Terran, 2016.

Jette Mellgren, ***Vannerie au fil des saisons***, L'Inédite, 2011.

Le Lien créatif, éditions de Terran.

Marianne Mortensen, ***L'osier en plein air***, Actes Sud, 2004.

Ministère de l'Écologie, de l'Énergie, du Développement et durable et de la Mer, ***Le génie végétal***, La Documentation française, 2008.

Patricia Brangeon, ***Vannerie bucolique, je récolte et je tresse les végétaux qui m'entourent***, Terre vivante, 2017.

Robert Duchesne, Henri Ferrand et Jean Thomas, ***La vannerie, l'osier***, Dominique Guéniot, 2009.

Réseau École et Nature, ***Un coin de nature pour tous***, 2016.

Richard Wagner, ***Les nouveaux espaces de jeux naturels, construire en saule vivant et en bois***, Terre vivante, 1996.

Danksagung

Alle Flechtwerke in diesem Buch (mit einer Ausnahme) und viele andere sind im ökologischen Zentrum Terre Vivante entstanden …

Ein großes Dankeschön an die Mitarbeiter, dass sie darauf bestanden haben, dass wir dieses Buchprojekt annehmen – es war eine echte Herausforderung für mich, fernab meiner Komfortzone!

Danke, dass wir die Anlagen des Zentrums nutzen durften, dass uns freie Hand gelassen wurde, mit vollstem Vertrauen, um eine Reihe natürlicher Spielräume zu schaffen.

Ein großes Dankeschön an die Weidenanbauer für ihre Ratschläge und die Qualität ihrer Arbeit, die in jedem der 1.800 kg Flechtweiden, die in diesem Jahr verbraucht wurden, zum Ausdruck kommt.

Ein großes Dankeschön ebenfalls an unsere Freunde, die an einigen Tagen gekommen sind, um uns zu helfen: Jeanne-Marie und Pierre, Anne, Marion und Philippe, Amélie und Claire, Jinko und Noam nicht zu vergessen. Es war eine wahre Freude, diese „kollektive Baustellenatmosphäre" wiederzufinden, und eine sehr konstruktive Erfahrung, all dies zu organisieren, und ich habe heute viele gute Erinnerungen daran.

Ich danke auch den Teilnehmern des Kurses „Lebende Weidengeflechte" (CNFPT – Nationales Zentrum des regionalen öffentlichen Dienstes) in diesem Jahr (2018). Einige ihrer Werke schmücken dieses Buch und spiegeln die gute Atmosphäre in diesem Kurs wieder …

Und nicht zuletzt natürlich ein Dankeschön an Patricia für unsere Gespräche und ihre Ratschläge als Autorin und Ausbilderin.

Von links nach rechts: Jinko (in der Ranksäule), Jeanne-Marie, Anne (hockend), Marion, Philippe, Sébastien, Pierre und Noam (in der Hütte versteckt mit seinem Fahrrad).

Romaric.

Aus unserem Programm

ISBN 978-3-70-20-1919-8

ISBN 978-3-70-20-1680-7

ISBN 978-3-70-20-1720-0

ISBN 978-3-70-20-1872-6

Leopold Stocker Verlag
www.stocker-verlag.com